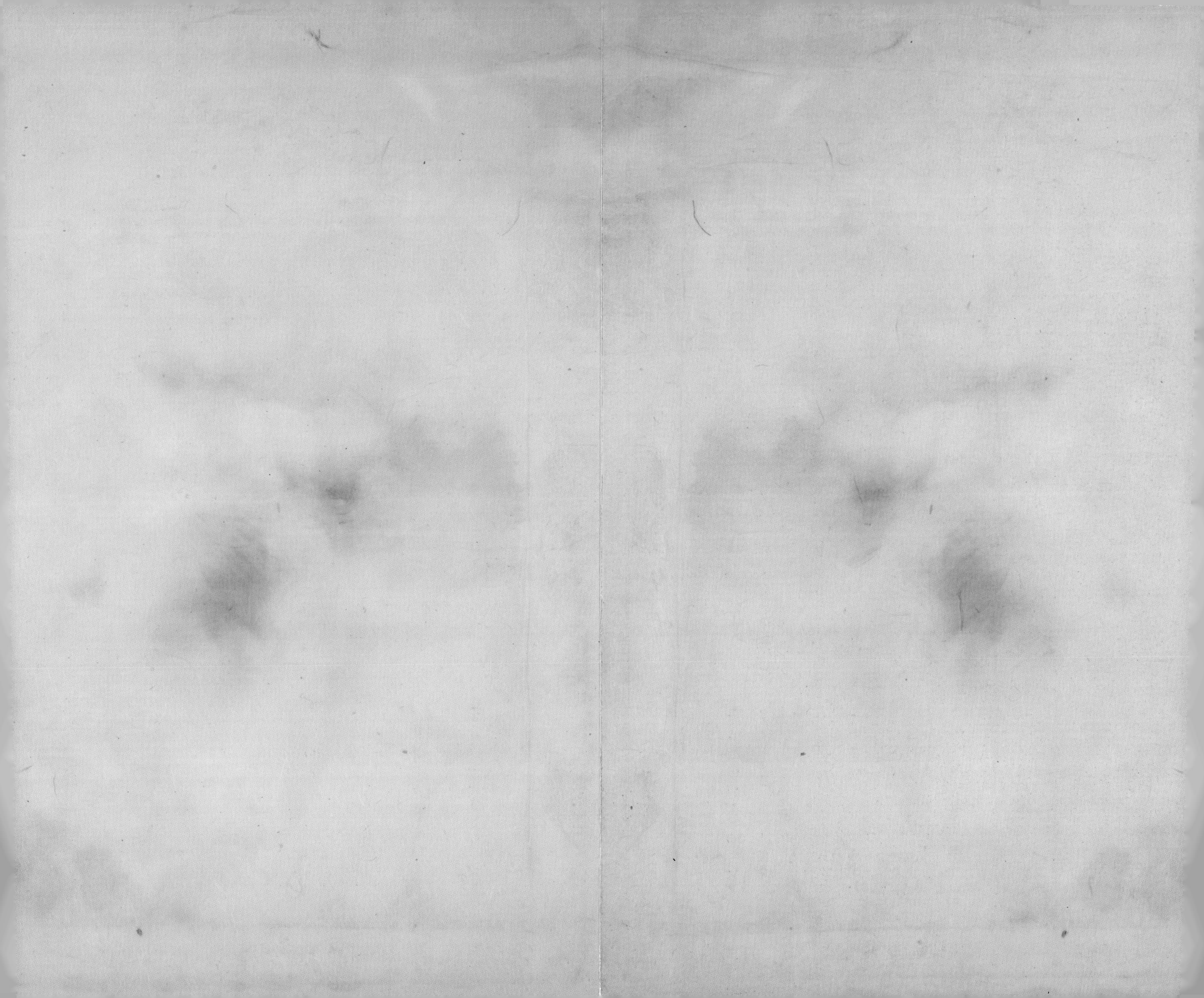

隆熙三年十月　日印刷
隆熙三年十月　日發行

國語文法 一冊

定價金四十円

著作權所有

京城西部養生坊倉洞三十五統四戶
著作兼發行者　周時經

京城中部壽進坊松峴十六統二戶
印刷者　金漢洙

京城中部壽洞
印刷所　同文館

京城南部尚洞
發行所　博文書館

줄여졍ᄒᆞ고곳졍코라홈

ㅊ ㅈㅎ나ㅎㅈ의混合音(徵)졍ᄒᆞ지ᄅᆞᆯ흔이줄여졍ᄒᆞ지곳졍치라홈

ㅌ ㄷㅎ나ㅎㄷ의混合音(徵)졍ᄒᆞ다ᄅᆞᆯ흔이줄여졍ᄒᆞ다곳졍타라홈

ㅍ ㅂㅎ나ㅎㅂ의混合音(徵)십호ᄅᆞᆯ連發ᄒᆞ면시호와同홈

(注意)ㅎ는混合性이有ᄒᆞᆫ故로그合홈의先後가一般이니라

ㆁ 今用終声ㅇ과如홈을이름이라 곳땅終声(徵)龍飛御天歌四十八章굴허에 [癸探卷] 八十章쏴

을 [雉] 乙 八十九章ᄉᆞᆯ바올 [松子] 二十一章즁三十章싱四十章밍七十八章
랑으로記홈이有ᄒᆞᆫ즉ㅇ은終声으로用홈은無ᄒᆞ고初声으로用홈만有
ᄒᆞᆫ데다有若無ᄒᆞ고其功效는兩母音을合發치안케홈이되엿으니第三
章의始祖ㅣ로記홈은시죄로讀홈을義홈이요四十四章에바오리어늘
로記ᄒᆞ여ㅇ을ㅣㅓ의間에寘홈은ㅣ와ㅓᄅᆞᆯ各發ᄒᆞ라는義라ㅣㅓ가合發ᄒᆞ면ㅕ가되나니라

中宗朝二十二年丁亥에崔公世珍이訓蒙字會ᄅᆞᆯ撰ᄒᆞ엿는데ㅇ의名을
異凝이라ᄒᆞ여初声으로는有若無ᄒᆞ게用홈을義ᄒᆞ고終声으로는ㆁ音
과如히用ᄒᆞ기ᄅᆞᆯ義ᄒᆞ고ㆁ字는名을伊라ᄒᆞ여初声으로만今用終声과
如히用ᄒᆞ기ᄅᆞᆯ義ᄒᆞ니此後文字에ㆁㅇ이흔이混用되고今에도으을ㆁ
字와如히終声에用ᄒᆞ고ㆁ字는終声으로用치안이홈이此時以後로崔公의例ᄅᆞᆯ從
홈이니라

△ 訓民正音에穰字初發声이라ᄒᆞ엿는데四声通解에穰攘讓瓤의音漢音
을양으로懸ᄒᆞ고訓蒙字會에도攘讓瓤의音我音을懸홈이四声通解와相
同ᄒᆞ니此는穰의我漢音을다양으로懸홈이요三韻声彙에는漢音은양
亦양으로懸ᄒᆞ고我音은양으로懸ᄒᆞ엿으며正音通釋에는我漢音을다
양으로懸ᄒᆞ엿으며奎章全韻에는漢音은양我音은양으로懸ᄒᆞ엿으며
△字ᄅᆞᆯ訓民正音에는半齒音이라ᄒᆞ고正音通釋에는半喉音이라ᄒᆞ엿스

京城北向印行

는ᄃᆡ穰字는日母의屬라 곳子이라日母를韻會에는半徵商이라ᄒᆞ니 곳半舌齒라홈이요廣韻과洪武韻에는半齒音이라ᄒᆞᆫ지라諸日母를今에支那音으로ᄅᆞᆼ ᄂᆼ 人ᅀᆼ 如ᅌ은今用終声ᄋ라 홈을謂홈이라 ᅎᅀᆼ今用終声ᄋ 和音에或近或似ᄒᆞ게發ᄒᆞ는ᄃᆡ支那北音으로는거진다喉音으로發ᄒᆞ고南音으로는齒音아나舌音으로發홈이多ᄒᆞ고訓民正音에ᅀ字를半齒音이라ᄒᆞ얏을ᄲᅮᆫ더러由来文字에ᅀ字를解ᄒᆞᆫ에ᄉᄋ의合音이라홈이多ᄒᆞ나英音이라断言ᄒᆞ기難ᄒᆞ고我漢音의天然性이不同ᄒᆞᆫ에大槪日母를我國에서漢音과如히發ᄒᆞ기難ᄒᆞ니我國에서漢文日母諸字의初声을發치안이ᄒᆞ고有若無ᄒᆞᆫᄋ을代書홈도此天然性에서出ᄒᆞᆫ바요國音은此字가안이라도記치못ᄒᆞᆯ바ㅣ無ᄒᆞ니라 (朴通事釋諺에四ᄉᆞ世ᄉᆡᆼ如此히懸홈이有ᄒᆞ더라)

ᅙ

訓民正音에挹字初發声이라ᄒᆞ고漢音影母로用ᄒᆞ얏ᄂᆞᆫᄃᆡ我國에는無ᄒᆞᆫ音이니龍飛御天歌國語에ᅙ字를初声으로記ᄒᆞᆫ字는無ᄒᆞ고終声으로記ᄒᆞᆫ者ᄲᅮᆫ有ᄒᆞᄃᆡᅙ字ᄲᅮᆫ用홈은無ᄒᆞ고他終声에附用홈ᄲᅮᆫ有ᄒᆞ니十八章에有ᄒᆞᆫ오ᇙ제를視ᄒᆞ면ᅙ字를入音과如히用ᄒᆞᆫ지라本歌에國記法은不精홈이不少ᄒᆞ니오ᇙ제도正當히記홈이라認치못ᄒᆞᆯ것이요正當히記홈을認치못ᄒᆞ면오ᇙ제에서ᅙ字의原音을求ᄒᆞ기不能ᄒᆞᆫ지라國音을考ᄒᆞ니漢文影母와如ᄒᆞᆫ音即ᅙ音은得見치못ᄒᆞᆯ지라故로오ᇙ제는国語니挹字初發声即影字母ᅙ字는本語에不當ᄒᆞᆫ音이라然ᄒᆞᆫ즉ᅙ字는漢文影母에當ᄒᆞᆫ音이요國語에無ᄒᆞᆫ音일ᄲᅮᆫ더러今에ᅙ字ㅣ안이라도國語를記치못ᄒᆞᆯ바가無ᄒᆞ니라 (朴通事釋諺에不볼六ᄅᆞᆼ如此히懸홈이有ᄒᆞ더라)

訓民正音에唇軽音이라ᄒᆞᆫᄫᆞᆼᄬᆞᆼᄝᆞᆼ이有ᄒᆞᆫᄃᆡ申公叔舟四声直解凡例에合唇作声爲ㅂ而曰唇重音爲ㅂ之時將合勿合吹氣出声爲ㅂ而唇軽音制字加空圈於ㅂ下者即虚唇出声之義也ᄝ ᄫ 二母亦同이라ᄒᆞ니此에唇軽音을可히知ᄒᆞᆯ바요龍飛御天歌에國語音도ᄫᆞᆼ을記ᄒᆞᆫ字有ᄒᆞ

一章에 일ᄒᆞᆫ 물저 상밤라 ᄒᆞᆷ이 有ᄒᆞᆷ나 其後에 唇軽音字를 國語에 用ᄒᆞᆷ이 無ᄒᆞ고 또 國語에 唇軽音이 無ᄒᆞᆫ 때 假使 唇軽音이 有ᄒᆞ다 ᄒᆞᆯ지라도 今에 唇軽音이 안이라도 國語를 適合ᄒᆞ게 記ᄒᆞ지 못ᄒᆞᆯ ᄲᅡ가 無ᄒᆞ니 國語에ᄂᆞᆫ 唇軽音을 要ᄒᆞᆯ ᄲᅡ가 無ᄒᆞ니라

四聲通攷凡例에 凡齒音齒頭則擧舌點齒故其聲淺整齒則卷舌點腭故其聲深我國齒聲ㅅㅈㅊ在齒頭整齒之間於訓民正音無齒頭整齒之別今以齒頭爲ᄼᅐᅕ以整齒爲ᄾᅑᅔ以別之라ᄒᆞ니 此左右長의 別은 漢文齒音의 別을 表ᄒᆞ기 為ᄒᆞᆷ이오 國語齒音에ᄂᆞᆫ 此別이 無ᄒᆞ니라

朴公性源正音通釋에 ◇字가 始出ᄒᆞ니 곳 뭉을 合制ᄒᆞᆷ이니라

申公景濬訓民正音圖解에 ㄴㄷㅌㄸ으로 舌頭音을 삼고 ㄴㄷㅌㄸ으로 舌上音을 삼고 舌上音은 舌卷而上이라 ᄒᆞ니 此도 漢文의 舌音의 別을 이룸이오 ᆢ字를 始制ᄒᆞ고 同說에 靜而一陰生為ᆢ地二之象也라 ᄒᆞ엿으나 其音은 何를 謂ᄒᆞᆷ인지 未詳ᄒᆞ도다

〔注意〕ㅏㅓㅗㅜㅡㅣ外에 他母音이 無ᄒᆞ니라

補○洪武韻三十一字母之圖

五音	角	徵	羽		商		宮	半徵半商
五行	木	火	水		金		土	半火半金
七音	牙音	舌頭音	脣音重	脣音輕	齒頭音	正齒音	喉音	半舌半齒
全清	見 ᄀ견	端 ᄃ된	幫 ᄇ방	非 ᄫ빙	精 ᄌ징	照 ᄌ쟣	影 ᅙ힝	
次清	溪 ᄏ키	透 ᄐ틍	滂 ᄑ팡		清 ᄎ칭	穿 ᄎ춴	曉 ᄒ햫	
全濁	群 ᄁ끈	定 ᄄ띵	並 ᄈ삥	奉 ᄬ뽕	從 ᄍ쭝	牀 ᄍ쫭	匣 ᅘ뺳	
不清不濁	疑 ㆁ읜	泥 ᄂ니	明 ᄆ밍	微 ᄝ미			喩 ㅇ유	來 ㄹ래 日 ㅿ싱
全清					心 ᄉ심	審 ᄉ심		
全濁					邪 ᄊ써	禪 ᄊ씬		

訓民正音

國之語音異乎中國與文字不相流通故愚民有所欲言而終不得伸其情者多矣予爲此憫然新制二十八字欲人〻易習便於日用耳

ㄱ牙音如君字初發声並書如虯字初發声

ㅋ牙音如快字初發声

ㆁ牙音如業字初發声

ㄷ舌音如斗字初發声

ㅌ舌音如呑字初發声

ㄴ舌音如那字初發声

ㅂ脣音如彆字初發声並書如步字初發声

ㅍ脣音如漂字初發声

ㅁ脣音如彌字初發声

ㅈ齒音如卽字初發声並書如慈字初發声

ㅊ齒音如侵字初發声

ㅅ齒音如戌字初發声並書如邪字初發声

ㆆ喉音如挹字初發声

ㅎ喉音如虛字初發声並書如洪字初發声

ㅇ喉音如欲字初發声

ㄹ半舌音如閭字初發声

ㅿ半齒音如穰字初發声

ㆍ如呑字中声

ㅡ如卽字中声

ㅣ如侵字中声

ㅗ如洪字中声

京城北內印行

ㅏ如覃字中声

ㅜ如君字中声

ㅓ如業字中声

ㅛ如欲字中声

ㅑ如穰字中声

ㅠ如戌字中声

ㅕ如鱉字中声

終声復用初声ㅇ連書唇音之下則為唇軽音初声合用則並書終声同、一

ㅗㅜㅛㅠ附書初声之下ㅣㅏㅓㅑㅕ附書於右凡字必合而成音左加一點

則去声二則上声無則平声入声加點同而促急

諺文字母 俗所謂反切 二十七字 訓蒙字會例

諺文字母 俗所謂反切 二十七字

初声終声通用八字

ㄱ其役 ㄴ尼隱 ㄷ池(末) ㄹ梨乙 ㅁ眉音 ㅂ非邑 ㅅ時(衣) ㆁ異凝

(末)(衣)两字只取本字之釋俚語為声

其尼池梨眉非時異八音用於初声

役隱(末)乙音邑(衣)凝八音用於終声

初聲獨用八字

ㅋ(箕) ㅌ治 ㅍ皮 ㅈ之 ㅊ齒 ㅿ而 ㅇ伊 ㅎ屎

(箕)字亦取本字之釋俚語為声

中声獨用十一字

ㅏ阿 ㅑ也 ㅓ於 ㅕ余 ㅗ吾 ㅛ要 ㅜ牛 ㅠ由 ㅡ應 不用終声 ㅣ伊 只用中声 ㆍ思 不用初声

初中声合用作字例

가갸거겨고교구규그기ᄀ

以ᄀ其爲初声以ㅏ阿爲中声合ᄀㅏ爲字則가此家字音也又以ᄀ役爲終
声合가ᄀ爲字則각此各字音也餘倣此

ㅊㅋㅌㅍㄲㄴㄷㄹㅁㅂㅆㅇㅈㄺㄻㄼㅭ 複音
ㅊㅋㅌㅍㄶㅀㄾㄿㅀㅄㅀㆅ 混合音
ㄲㄴㄴㄸㄹㄹㅁㅁㅃㅆㅇㅇㅉㅊㅊ 雙合音
ㄺㄼㅊ 疊合音

子母가各ㄱ單複의別이有ᄒᆞ니單音은淸ᄒᆞ고複音은濁ᄒᆞ니라

(注意)漢文淸濁法은初声되는子音만論ᄒᆞ나單字音은全淸이라ᄒᆞ고混合音은次淸이라ᄒᆞ고效合音은全濁이라ᄒᆞ고疑泥明微喩來日母는不淸不濁이라ᄒᆞ는四種의別이有ᄒᆞ되我國에는不淸不濁의音이無ᄒᆞ니라漢文의淸濁別을精히硏究ᄒᆞᆯ捷徑은國文淸濁으로相照홈에在ᄒᆞ니라

(注意) 喩母 音뿐이라

漢文唇音에輕重의別이有ᄒᆞ니라

漢文齒音에齒頭正齒의別이有홈니라

發音

母音뿐이든지母音이子音을附ᄒᆞ여發홈이든지獨發홈이든지合發홈이든지一圈으로發ᄒᆞ는音을다發音이라이름이니例로우리나라가밝고곱다라ᄒᆞ면우와리와나와라와가와밝과곱과다를各ㄱ一個發音이라ᄒᆞ니모도九個發音이니라

母音의長短

母音은此淸濁別外에高低長短廣狹强弱의別이有ᄒᆞ니高低는振數요長短은時度요廣狹은口形(物理學의廣狹이不同홈)이요强弱은振境이니라

康熙字典에平声平道莫低昂上声高呼猛烈强去声分明哀遠道入声短促急收藏이라ᄒᆞ엿으나漢文四声法에如何홈은此에可히知ᄒᆞᆯ지니日用의大要

만分別ᄒᆞᆫ바니라

英文에ᄂᆞᆫ母音字에長短廣狹의別을票ᄒᆞ니此도日用의大要만分別ᄒᆞᆫ바니라

訓民正音에ᄂᆞᆫ上去平三声만別ᄒᆞ니高低廣狹強弱은勿論ᄒᆞ고長短만別ᄒᆞᆷ이라漢文과英文의分別法이不同ᄒᆞ나日用實地에ᄂᆞᆫ더욱簡要ᄒᆞ니라

然ᄒᆞ나龍飛御天歌에길ᄃᆞᆯ열일이有ᄒᆞᆫ데길열의長短이無別ᄒᆞ고其餘도無點과一點이다無別ᄒᆞ니此例로觀ᄒᆞ면長短二種만分別ᄒᆞᆷ이足ᄒᆞᆯ것이요

겸ᄂᆞᆫ다ᄒᆞᄂᆞᆫ國語겸의ᅥᄂᆞᆫ廣長ᄒᆞ게(此廣의義ᄂᆞᆫ곳張ᄒᆞᆷ을이ᄅᆞᆷ이라)發ᄒᆞ고蜂(벌)의ᅥᄂᆞᆫ狹長ᄒᆞ게(此狹의義ᄂᆞᆫ곳縮ᄒᆞᆷ을이ᄅᆞᆷ이라)發ᄒᆞ니此로觀ᄒᆞ면平廣長狹長三種으로分別ᄒᆞᆷ이可ᄒᆞᆷ

然ᄒᆞ나日用文字의此分別은人類가發音ᄒᆞ기平常ᄒᆞᆫ바로準的을삼아大概만分別ᄒᆞᆷ인故로日用文字에細分치못ᄒᆞ기ᄂᆞᆫ一般이니長短二種으로分別ᄒᆞᆷ이足ᄒᆞ니라長은廣長과狹長을統稱ᄒᆞᆷ이라

母音(웃듬소리)의合性

ㅏㅓㅗㅜㅡ에ㅣ가先連ᄒᆞ든지後連ᄒᆞ면合音을成ᄒᆞ기易ᄒᆞ고

ㅗ에ㅏ가連ᄒᆞ면合音을成ᄒᆞ기易ᄒᆞ고

ㅜ에ㅓㅕ連ᄒᆞ면合音을成ᄒᆞ기易ᄒᆞ고

ㅏ에ㅜ가連ᄒᆞ든지ㅓ에ㅏㅑ連ᄒᆞ든지ㅓ에ㅜ가連ᄒᆞ면合音을成ᄒᆞ기難ᄒᆞ니此ᄂᆞᆫ善不善合이我國時性과習慣의使然ᄒᆞᆫ바이니라

(注意)善合音도位次를換ᄒᆞ면難合音이되ᄂᆞᆫ者가有ᄒᆞ고難合音도位次를換ᄒᆞ면善合音이되ᄂᆞᆫ者가有ᄒᆞ니라

母音은다疊合ᄒᆞ고混合ᄒᆞᄂᆞᆫ者無ᄒᆞ며同音이相合ᄒᆞ면곳一音에됨ㅏ에ㅏ가相連ᄒᆞ여合發ᄒᆞ면ㅏ가되ᄂᆞᆫ類으로子音과如히故合되ᄂᆞᆫ濁音은無ᄒᆞᆷ

子音(부듬소리)의合性

子音은混合ᄒᆞᄂᆞᆫ者도有ᄒᆞ고疊合ᄒᆞᄂᆞᆫ者도有ᄒᆞᆫ데疊合音은ᄀ

位次를 換ᄒᆞ면 거진다 兩音이 並發치 못ᄒᆞᄂᆞ니 例로 흙土의 疊合音 ㄺ은 ㄹ이 先發ᄒᆞ고 ㄱ이 後發ᄒᆞᆫ者라 그 先後를 換ᄒᆞ여 흙로 ㄱ을 先ᄒᆞ고 ㄹ을 後ᄒᆞ여 并發ᄒᆞ랴면 ㄱ을 發ᄒᆞᆫ즉 ㄹ은 不發ᄒᆞ고 ㄹ을 發ᄒᆞᆫ즉 ㄱ은 不發ᄒᆞ여 如此ᄒᆞᆫ 類가 多ᄒᆞᄂᆞ니 此는 其性勢이 使然홈이니라

(注意)主音 單音 以上이 連發ᄒᆞ면 其中에 ᄒᆞ나이 不發ᄒᆞ는 者가 有ᄒᆞᄂᆞ니 此도 其性이 使然홈이요

또 母音이든지 子音의 單音은 發ᄒᆞ기 易ᄒᆞ고 合音은 發ᄒᆞ기 難ᄒᆞ지라 故로 音에 煅鍊이 無ᄒᆞᆫ者와 幼兒들은 多合音은 ᄒᆞᆫ이 減ᄒᆞ고 發치 안이홈이 有ᄒᆞᄂᆞ니 合音은 다 發ᄒᆞ기 難ᄒᆞᆫ 緣故이라

合音을 間音이라 홈은 訛니라

ㆍ가 ㅣㅡ의 合音되는 證明

ㅏㅓㅗㅜㅡㅣ 六字는 分홀수 없는 單純ᄒᆞᆫ 母音이요

ㅑ는 ㅣㅏ의 合音이요

ㅕ는 ㅣㅓ의 合音이요

ㅛ는 ㅣㅗ의 合音이요

ㅠ는 ㅣㅜ의 合音이요

ㆍ는 ㅣㅡ의 合音이니 其証이 如左홈

ㅏ에 ㅣ를 先合ᄒᆞ여 發ᄒᆞ면 ㅑ니 卽ㅏ에 ㅣ를 先發ᄒᆞ는 合音이요

ㅏ에 ㅣ를 後合ᄒᆞ여 發ᄒᆞ면 ㅐ니 卽ㅏ에 ㅣ를 後發ᄒᆞ는 合音이라

故로 ㅑ는 ㅐ의 倒發홈이요 ㅐ는 ㅑ의 倒發홈이라

ㅓ에 ㅣ를 先合ᄒᆞ여 發ᄒᆞ면 ㅕ니 卽ㅓ에 ㅣ를 先發ᄒᆞ는 合音이요

ㅓ에 ㅣ를 後合ᄒᆞ여 發ᄒᆞ면 ㅔ니 卽ㅓ에 ㅣ를 後發ᄒᆞ는 合音이라

故로 ㅕ는 ㅔ의 倒發홈이요

ㅔ는ㅕ의倒發홈이라

ㅗ에ㅣ를先合ᄒᆞ야發ᄒᆞ면ㅛ니卽ㅗ에ㅣ를先發ᄒᆞᄂᆞᆫ合音이오
ㅗ에ㅣ를後合ᄒᆞ야發ᄒᆞ면ㅚ니卽ㅗ에ㅣ를先發ᄒᆞᄂᆞᆫ合音이라
故로ㅛ는ㅚ의倒發홈이오
ㅚ는ㅛ의倒發홈이라

ㅜ에ㅣ를先合ᄒᆞ야發ᄒᆞ면ㅠ니卽ㅜ에ㅣ를先發ᄒᆞᄂᆞᆫ合音이오
ㅜ에ㅣ를後合ᄒᆞ야發ᄒᆞ면ㅟ니卽ㅜ에ㅣ를後發ᄒᆞᄂᆞᆫ合音이라
故로ㅠ는ㅟ의倒發홈이오
ㅟ는ㅠ의倒發홈이라

ㅡ에ㅣ를先合ᄒᆞ야發ᄒᆞ면무엇이니卽ㅡ에ㅣ를先發ᄒᆞᄂᆞᆫ合音이오
ㅡ에ㅣ를後合ᄒᆞ야發ᄒᆞ면ㅢ니卽ㅡ에ㅣ를後發ᄒᆞᄂᆞᆫ合音이라
故로무엇과ㅢ의倒發홈이오
ㅢ는무엇의倒發홈이라

右와如히六元素母音에다ㅣ를先合ᄒᆞ거나後合ᄒᆞ면ㅣ에ᄂᆞᆫㅣ를先合ᄒᆞ야도ㅣ가相連ᄒᆞ고後合ᄒᆞ야도ㅣ가相連홀ᄯᆞᄅᆞᆷ이니ㅣ에ㅣ를合ᄒᆞ야發홈은그音이或長ᄒᆞ야진다고ᄂᆞᆫ홀지언정ㅣ와예무슨音이더ᄒᆞ야異ᄒᆞ게發홈은無ᄒᆞᆫ지라故로ㅣ에ㅣ를合홈은衍文이니此로視ᄒᆞ면母音元素六字ㅣ와ᄂᆞᆫ다各〻先合ᄒᆞ야도合音이되고後合ᄒᆞ야도合音이되니此를다시解ᄒᆞ면

ㅣㅏ의合音은ㅑ로代表ᄒᆞ고
ㅣㅓ의合音은ㅕ로代表ᄒᆞ고
ㅣㅗ의合音은ㅛ로代表ᄒᆞ고
ㅣㅜ의合音은ㅠ로代表ᄒᆞ고
ㅣㅡ의合音은무엇으로代表ᄒᆞ야엇을것이오

ㅏㅣ의合音은ㅐ요
ㅓㅣ의合音은ㅔ요
ㅗㅣ의合音은ㅚ요
ㅜㅣ의合音은ㅟ요
ㅡㅣ의合音은ㅢ요
ㅗㅏ의合音은ㅘ요
ㅜㅓ의合音은ㅝ요
ㅗㅏㅣ의合音은ㅙ요
ㅣㅗㅏㅣ의合音은ㅣㅙ니餘는此와倣홈

또此를視ᄒᆞ면母音의모든合音은ㅏㅓㅗㅜㅡㅣ六元素의相合ᄒᆞ는것이라故로此六音이相合ᄒᆞ는대로그表도그各字를合ᄒᆞ여ㅏㅣ의合音은ㅐ로ㅗㅏ의合音은ㅘ로書ᄒᆞ며ㅜㅓ의合音은ㅝ로書ᄒᆞ되ㅏㅓㅗㅜㅡㅣ에各ᄾᅵ가先合ᄒᆞ여發홈은ㅣㅏㅣㅓㅣㅗㅣㅜㅣㅡ로書ᄒᆞ지안코別體로作ᄒᆞ여ㅣㅏ는ㅑ로ㅣㅓ는ㅕ로ㅣㅗ는ㅛ로ㅣㅜ는ㅠ로代表ᄒᆞ엿으니ㅣㅡ의合音도別表를作ᄒᆞ엿을지라然ᄒᆞᆫ則母音字는合音別表를無ᄒᆞ여ㅏㅓㅗㅜㅡㅣㅑㅕㅛㅠ外에又有홀것은ㅣㅡ의合音ᄲᅮᆫ이요他字는無홀바가明確ᄒᆞ니正音에母音들은다某漢字의中声으로例ᄒᆞ엿는데ㆍ도中声이라ᄒᆞ엿으니ㆍ는ㅏㅓㅗㅜㅡㅣㅑㅕㅛㅠ外에又有ᄒᆞᆫ母音字요此十字母音外에又有홀母音字는ㅣㅡ의合音表ᄲᅮᆫ이요此表外에는確實히復有ᄒᆞᆯ者ㅣ無ᄒᆞᆫ則ㆍ는곳ㅣㅡ의合音字됨이明白ᄒᆞᆫ實証이라此는ㆍ가ㅣㅡ의合音되는第一證이요

ㅣㅏ合音ㅑ로ㅣㅓ合音ㅕ로ㅣㅗ合音ㅛ로ㅣㅜ合音ㅠ로別表를作홈으로視ᄒᆞ면ㅏㅓㅗㅜ에各ᄾᅳ一畫을加ᄒᆞ엿은즉ㅣㅡ의合音表도ㅡ에一畫을加홀지나他字의畫과相同홈이多ᄒᆞ매其形이相雜홀弊가有홀것이요ㅣ

一에 兩畫을 合ᄒᆞ면 其形이 非竪非橫이니 ᆞ는 ㅣ와 一가 合ᄒᆞᆫ 非竪非橫의
象이라 故로 ㅣ一의 合音(겹소리) 別表를 畫爾象當ᄒᆞ게 ᆞ로 代表ᄒᆞᆷ이니 此는 ᆞ가
ㅣ一의 合音(겹소리)字되는 第二証이오
ᆞ는 正音에 ᄌᆞᆷ字中声이라 如ᄒᆞᆫ 音이라 ᄒᆞ엿는ᄃᆡ(데) 訓蒙字會 三韻声彙 正音通
釋 奎章全韻 玉篇에 ᄌᆞᆷ의 我音을 다 ᄃᆞᆫ으로 懸ᄒᆞ고 四声通解에 漢音을 ᄃᆞᆫ으
로 懸ᄒᆞ엿으나 俗音이라 蒙韻은 다 ᄃᆞᆫ으로 懸ᄒᆞ고 三韻声彙 正音通釋 華語類
抄 奎章全韻에 漢音을 다 ᄃᆞᆫ으로 懸ᄒᆞ고 訓蒙字會에 ᆞ는 ᄆᆞᆷ 初声不用이라 ᄒᆞ엿
는ᄃᆡ(데) 三韻声彙 正音通釋 奎章全韻 玉篇에다 我音을 ᄉᆞ로 懸ᄒᆞ고 四声通解
三韻声彙 正音通釋 奎章全韻에다 漢音을 ᄉᆞ로 懸ᄒᆞ엿고 近日 漢語學家에
서도 ᄌᆞᆷ을 ᄃᆞᆫ 몸ᄅᆞᆯ ᄉᆞ로 懸ᄒᆞ니 ᄃᆞᆫ의 中声이라 ᄉᆞ의 不用初声은 다 一라 一는 有
ᄒᆞ니 一를 ᄇᆞᆫ듯이 二制치(하지) 안이ᄒᆞ엿을 것이오 ᆞ는 一에 近ᄒᆞᆷ을 可히 知ᄒᆞᆯ 바
ᄆᆡ 近來로 我國에서 ᄌᆞᆷ을 ᄐᆞᆫ 몸ᄅᆞᆯ 사로 讀ᄒᆞ는 ㅏ와 關係가 無ᄒᆞᆷ은 再論ᄒᆞᆯ 바
가 無ᄒᆞ나 正音에 ㅏ는 覃字中声이라 ᄒᆞ고 ᆞ는 ᄌᆞᆷ字中声이라 ᄒᆞ고 字會에
ㅏ는 阿라 ᄒᆞ고 ᆞ는 ᄆᆞᆷ 初声不用이라 ᄒᆞ엿으니 ㅏ ᆞ가 相同치(하지) 안이ᄒᆞᆷ이 明確ᄒᆞ
고 ᆞ로 記ᄒᆞᆫ 国語도 近來로 ㅏ라 讀ᄒᆞ는 者가 多ᄒᆞ니 此는 漢字音에서 ᆞ를
ㅏ라 讀ᄒᆞ는 習慣이 國語音을 讀ᄒᆞᆷ에 及ᄒᆞᆫ 影響이라 龍飛御天歌에 ᆞ로 書
ᄒᆞᆫ 國語音이 ㅏ나 一나 ㅓ로 發ᄒᆞᆷ도 有ᄒᆞ나 十에 八九는 다 一와 如ᄒᆞ고 어시
ᄂᆞᆯ 다거ᄂᆞᆯ로 書ᄒᆞᆷ을 觀ᄒᆞ면 ㅓ下에는 ᄂᆞᆯ로 書ᄒᆞ고 ㅣ下에는 ᄂᆞᆯ로 書ᄒᆞᆷ이니
前에에를 ㅣ下에는 ᄒᆞᆫ히 예로 書ᄒᆞᆷ과 如ᄒᆞᆷ이라 ᄒᆞᆯ지라 故로 ᆞ가 ㅣ一의 合
音됨이라 ᄒᆞᆯ 만ᄒᆞ고 前붙어 油라 ᄒᆞ는 國語는 기ᄅᆞᆷ으로 書ᄒᆞ엿오는ᄃᆡ 此를
讀ᄒᆞᆯ 時에는 ᄒᆞᆫ이 기람이라 ᄒᆞ나 習慣으로 油라 稱ᄒᆞ는 言語를 聞ᄒᆞ면 기름
이라 ᄒᆞ니 此言의 一를 前에 ᆞ로 記ᄒᆞᆷ이니 ᆞ가 또한 一에 近ᄒᆞᆷ을 可히 知ᄒᆞᆯ
바오 訓蒙字會에 八을 여듧ᄃᆞᆯ로 懸ᄒᆞ엿는ᄃᆡ 其後로 여ᄃᆞᆲ로 懸ᄒᆞ고 또 土
를 ᄒᆞᆰ도(흐) 로 懸ᄒᆞ엿는ᄃᆡ 其後로 ᄒᆞᆰ으로 懸ᄒᆞ니 또한 ᆞ가 一에 近ᄒᆞᆷ을 可히 知ᄒᆞᆯ

바요沙字는四声通解訓蒙字会三韻声彙正音通釋奎章全韻玉篇和書에
我漢音을다사로懸ᄒᆞ엿는ᄃᆡ今에支那人에게問ᄒᆞ에도其音을사라ᄒᆞ고
由來로我音을ᄉᆞ로懸ᄒᆞᆫ모든漢字音은漢音으로는스나시로懸ᄒᆞ엿는ᄃᆡ
今에支那人에게問ᄒᆞ에도如此ᄒᆞᆫ叫日本音으로도如此ᄒᆞᆫ分別이有ᄒᆞ니
日本音도支那音으로本을삼은緣故라四声通攷凡例에我音ㆍ則漢音ㆍ
ㅡ之間ㅣ와ㅣ는따로有ᄒᆞᆫ즉ㅡ나ㅣ는二制(ᄒᆞ지)치안이ᄒᆞ엿을것이요ㆍ는ㅣ(ㅡ則ㅣㆍ之間ㅣ則ㅣㅡ之間이라ᄒᆞ엿스나ㆍ가ㅡ와ㅣ에近ᄒᆞᆷ은可히知ᄒᆞᆯ지라)
ㅡ의合音(겹소리)되는近境이니此는ㆍ가ㅣㅡ의合音(겹소리)되는第三証이라

子音의接変 (부ᄐᆞᆫ소리 ᄇᆞᆫ화)

子音(부ᄐᆞᆫ소리가)이相連ᄒᆞ야發ᄒᆞᆯ時에그連發ᄒᆞ는形勢의自然ᄒᆞᆷ을因ᄒᆞ야変ᄒᆞᆷ이有ᄒᆞᆫ
니곳合性의関係라

ㄱ이ㄴ라ㄹ라ㅁ라ㅇ(今用終声ㅇ곳国語땅등(背)字의終声라如ᄒᆞᆫ것)上에서는ㅇ(如땅등終声라ᄒᆞᆫ것)으로変ᄒᆞ
ᄂᆞ니라

ㄴ라ㄹ이그先後를如何히相連ᄒᆞ든지ㄴ이ㄹ로変치(하지)안이ᄒᆞ면ㄹ이ㄴ으로
変ᄒᆞᄂᆞ니라

~~注 英語에는強発ᄒᆞ야本音을不変ᄒᆞ고自然의順을失ᄒᆞᄂᆞ니라~~

ㅂ이ㄴ라ㄹ라ㅁ과ㅇ(如땅등終声라ᄒᆞᆫ것)上에서는ㅁ으로変ᄒᆞᆷ

ㅅ과ㄷ라ㅈ와ㅌ와ㅊ가ㄴ라ㄹ라ㅁ라ㅇ(如땅등終声라ᄒᆞᆫ것)上에서는ㄴ으로変ᄒᆞᄂᆞ
니라ㅌ와ㅊ는ㅎ가合ᄒᆞᆫ音인ᄃᆡ ㅎ와에ㄷ과ㅈ만ㄴ을로変ᄒᆞᆷ

ㅁ이ㄱ上에서는音에煆錬치못ᄒᆞ면ᄒᆞᆫ이ㅇ(如땅등終声라ᄒᆞᆫ것)으로変ᄒᆞ야發ᄒᆞ되此
는本音대로發ᄒᆞᆯ수잇는지라然ᄒᆞ나錬達이無ᄒᆞᆫ者가ㅇ(如땅등終声라ᄒᆞᆫ것)으로ㅁ이(変ᄒᆞᆯ)
ㄱ을達ᄒᆞ야얼마큼ㅇ(如땅등終声과ᄒᆞᆫ것)으로変ᄒᆞᆷ도(ᄒᆞᆯ만ᄒᆞᆫ)使然ᄒᆞᆫ形勢가有ᄒᆞᆷ이니此도天
然性을因ᄒᆞᆷ이니라

ㄷㅅㅈ가ㅎ와에諸子音上에서連發ᄒᆞᆯ時에는相同ᄒᆞ게發ᄒᆞ니其勢가使然
ᄒᆞᆷ이니라

ㄱㄷㅂㅅㅈ五字는如何히相連ᄒᆞ든지下字에發音은얼마큼重ᄒᆞᆫ듯ᄒᆞ니그連音이他字連合ᄒᆞᆷ에比ᄒᆞ면最甚ᄒᆞᆫ故로上音이形勢를下音이蒙被ᄒᆞ는緣故라

上母音의終声이든지下母音의初声이든지兩母間에在ᄒᆞᆫ子音은幾何든지連讀ᄒᆞ면合音으로發ᄒᆞ나니其中에서接変의關係가有ᄒᆞᆫ者는右의例와如히変ᄒᆞ고雜發의關係가有ᄒᆞᆫ者는不發ᄒᆞᆷ도有ᄒᆞ니라

註意 其上例에서는此等接変을ᄒᆞ야各字의本音대로強發ᄒᆞ는習慣이有ᄒᆞᆷ은모音理에不順ᄒᆞᆷ이有ᄒᆞ니라

此ᄂᆞᆫ外國人이我國의接変을附ᄒᆞ야도로혀我國의習慣인거ᄒᆞ는者가有ᄒᆞ나此外接変은我國의習慣이안이오連發ᄒᆞ는音理의自然ᄒᆞᆫ形勢니라 強發ᄒᆞ면善連치못ᄒᆞ고変ᄒᆞ면그發ᄒᆞᆷ이順ᄒᆞ여善連ᄒᆞ나니라

子母音連接의異性

子音이相連ᄒᆞ여合發ᄒᆞᆷ이其間에母音이入ᄒᆞ면自然相離ᄒᆞ고子音은더入ᄒᆞᆯ지라도相離치못ᄒᆞᆯ때

母音이相連ᄒᆞ여合發ᄒᆞᆷ은其間에子音이入ᄒᆞ면自然相離ᄒᆞ고母音은더入ᄒᆞᆯ지라相離치못ᄒᆞ나니라

此는子母音의性質이不同ᄒᆞ에子音은子音끼리合ᄒᆞ고母音은母音끼리合ᄒᆞ에子母音은相連ᄒᆞᆯ지라도合치지는안코□音이□音을依ᄒᆞ여發ᄒᆞᆯ따름인緣故니라

子音初終의形勢

子音은始發ᄒᆞ는形勢로相異ᄒᆞᆷ이有ᄒᆞ니初声으로는本音대로發ᄒᆞ되終声으로는変ᄒᆞ거나未現ᄒᆞᆷ이有ᄒᆞ니其例가下와如ᄒᆞᆷ

(例)ㅅㄷㅈㅎ가사다자하라ᄒᆞᆯ時에는各ᄒᆞ本音대로發ᄒᆞ에지되終声으로낫ᄒᆞ에낫낟낮낳ᄒᆞᆯ時에는그終声이相同ᄒᆞ니此는其勢의自然ᄒᆞᆷ이니라

主

注意) ㅊㅌ도終声으로止ᄒᆞ면ㅅㄷㅈㅎ와相同ᄒᆞ니라

ᄎᆞᆺ은ᄎᆞᆾᄒᆞᆫᄎᆞᆾ트下에母音이連ᄒᆞ면本音대로發ᄒᆞ야지니此는終声으로止ᄒᆞ던形勢를脫ᄒᆞ야上母音의終声으로止치안코下母音에依홈을得ᄒᆞ야連發ᄒᆞ는縁故니라

ㅎ는止홀時라도本音대로發ᄒᆞ면ㅅㄷㅈ보다虛ᄒᆞ니라

ㅋㅊㅌㅍ字가終声으로止ᄒᆞ야ᄂᆞᆿᄎᆞᆾᄂᆞᇀ홀時에는ᄂᆞᆨᄎᆞᆺᄂᆞᆮ만發ᄒᆞ고

ㄱㅎ는不發홈과如ᄒᆞ니終声으로止ᄒᆞ는自然의形勢로ㅎ의發홈을感得ᄒᆞ기難ᄒᆞᆫ縁故뿐이니라

國語習慣音

國語의習慣으로變ᄒᆞ는音와發치안이ᄒᆞ는音이有ᄒᆞ니左와如홈

ㄹ은終声으로止홀時와ㅎ外에諸子音上에서는ㄹㄹ로變ᄒᆞ니此境遇에는單ㄹ로發ᄒᆞ기難ᄒᆞ고오히려雙ㄹ로發ᄒᆞ기易ᄒᆞᆫ縁故라

ㄹ을잇다금母音과ㅎ上에서도ㄹㄹ로發홈 (例) 一二即일이를일리라ᄒᆞᆯ時가有홈

ㄹ을ㅏㅓㅗㅜㅡ에初声으로始發홀時는ㄴ으로變홈

ㄴ이나ㄹ이ㅣ나ㅣ先合ᄒᆞᆫ母音곳ㅣㅑㅕㅛㅠ에初声될을始發홀時에는그ㄴ나ㄹ은發치안이홈

ㄷ이ㅣ나ㅣ先合ᄒᆞᆫ母音곳ㅣㅑㅕㅛㅠ에初声으로는ㅈ로變홈

ㅈ를흔이ㄷ으로變ᄒᆞ니平安道의習慣이如此홈

ㅌ를ㅣㅑㅕㅛㅠ의初聲으로는ㅊ로變홈

ㅑㅕㅛㅠ가ㄷㅅㅈㅊㅌ로各ᄀ初声됨은ㅏㅓㅗㅜ로變홈

ㄹ이ㅣㅑㅕㅛㅠ의初声됨은ㄴ으로變ᄒᆞ니平安道의習慣이如此홈

ㄹ終声을其下에某字가連發홀時에는흔이發치안이홈이有ᄒᆞ니

울지는우지라홀時가有홈

울는운우는이라홈

닮되도는흔이닥도라홈 ㅆ는子音에多連ᄒᆞ여다 發ᄒᆞ기難홈을因홈이니本音대로다發할수잇는것이니라

~~발라ᄒᆞ흔이따라라홈~~

ㅂ終声을其下에其字와連發홀時에흔이發치안이홈이有ᄒᆞ니

밟지를흔이밥지라홈 ㅆ는子音이多連ᄒᆞ여다 發ᄒᆞ기難홈을因홈이니本音대로다發할수잇는것이니라

(注意)발지라홀時도有홈

춥으면이라ᄒᆞ는말의ㅂ을發치안이홈

(注意)本音대로發ᄒᆞ는地方도有ᄒᆞ나嶺南語에其徵이有홈

人終声을其下에其字와連發홀時에는흔이發치안이홈이有ᄒᆞ니

잇連으면則을이으면이라홈

(注意)本音대로發ᄒᆞ는地方도有ᄒᆞ나閔此語에其徵이有홈

ㅇ終声을其下에其字와連發홀時에는不發홈이有ᄒᆞ니

땅地도亦을따도라ᄒᆞ는者가有홈

ㅎ終声을其下에其字와連ᄒᆞ여發ᄒᆞ면不發홀時가有ᄒᆞ니

낳産으면則의ㅎ를흔이發치안이홈

높高고而를놉고라홈

ㅎ終声을其下에其字를連ᄒᆞ여發홀時에는ㄴ으로變홈이有ᄒᆞ니

쌓는을싼는이라홈

人終声을잇다금ㄹ로變ᄒᆞ여發ᄒᆞ는者가有ᄒᆞ니 갓모를或갈모라홈

ㅂ初声을잇다금ㅍ로變ᄒᆞ여發ᄒᆞ는者가有ᄒᆞ니 조밥을或조팝이라홈

(注意)ㅎ는混合性이有ᄒᆞ니ㄴㅎ나ㅎㄴ의合發홈이相同ᄒᆞᆫ지라故로쌓

는의本音으로싸와ㄴ와의間에서發ᄒᆞ는音이산하라ᄒᆞ는사와ㅏ

의間에서發ᄒᆞ는音과相同ᄒᆞ니라

注意 以上에 說ᄒᆞᆫ 方言의 限界ᄂᆞᆫ 最著地만 擧ᄒᆞᆷ이라

以上에 示ᄒᆞᆫ 習慣의 弊ᄂᆞᆫ 參酌ᄒᆞ야 歸正ᄒᆞᆯ 바를 講究ᄒᆞ자 ᄒᆞᆷ이라

以上에 說ᄒᆞᆫ 바ᄂᆞᆫ 더욱 精히 査出ᄒᆞᆷ이 可ᄒᆞ니라

國文記習

由來로 語式과 音理에 不合ᄒᆞ게 記用ᄒᆞᆷ이 有ᄒᆞ니 其槪가 如下ᄒᆞᆷ

國語ᄂᆞᆫ ㄷ과 ㅅ의 終聲이 自別ᄒᆞᆫ듸 龍飛御天歌에 直이라 ᄒᆞᄂᆞᆫ 國語를 곧字로 記ᄒᆞ고 得이라 ᄒᆞᄂᆞᆫ 國語를 얻字로 記ᄒᆞ엿스니 此ᄂᆞᆫ 國語音과 文字를 相同ᄒᆞ게 記ᄒᆞᆷ이라 然ᄒᆞ나 由來로 ㅅㄷ字를 終聲으로 用ᄒᆞᆷ이 彼此를 未辨ᄒᆞ엿스매 近日에ᄂᆞᆫ ㄷ을 終聲에 不用ᄒᆞ고 ㅅ으로 通用ᄒᆞ며 ㅅ을 ㄷ으로 讀ᄒᆞᆷ이 有ᄒᆞ니 此ᄂᆞᆫ 文字를 誤用ᄒᆞᄂᆞᆫ 習慣이오 國語가 變ᄒᆞᆷ이 안이ᄂᆡ 脫이라 ᄒᆞᄂᆞᆫ 國語벗의 終聲은 ㅅ으로 書ᄒᆞ고 覃이라 ᄒᆞᄂᆞᆫ 國語벋의 終聲은 ㄷ으로 書ᄒᆞ며 此兩終聲이 自別ᄒᆞᆫ 거슬 記者와 讀者가 다 此를 辨別치 못ᄒᆞᆷ으로 此弊가 生ᄒᆞᆷ이로다

本國歌曲에 ㅇ 今用終聲ㅇ 곳 ᄋᆡᆼ聲의 終의 初聲이 有ᄒᆞ고 此外에 ㆁ 初聲의 發ᄒᆞᆷ이 有ᄒᆞ나 文字로 記치 못ᄒᆞ니 此ᄂᆞᆫ ㆁㅇ의 變革으로 從出ᄒᆞᆫ 弊요 語音의 變ᄒᆞᆫ 바ᄂᆞᆫ 안이니라

訓民正音에ᄂᆞᆫ 終聲復用初聲이라 ᄒᆞ엿ᄂᆞᆫ듸 龍飛御天歌 三十四章에 深이라 ᄒᆞᄂᆞᆫ 國語를 깊字로 記ᄒᆞ고 高라 ᄒᆞᄂᆞᆫ 國語를 높字로 記ᄒᆞ고 七十八章에 隨라 ᄒᆞᄂᆞᆫ 國語를 좇字로 記ᄒᆞ고 또 ㅈ를 終聲으로 用ᄒᆞᆷ이 有ᄒᆞ니 此ᄂᆞᆫ 何字든지 國語대로 實地에 通用ᄒᆞᆫ 例가 되ᄂᆞᆫ지라 然ᄒᆞ나 本歌의 國語記法은 甚히 不精ᄒᆞᆫ지라 故로 池錫永氏가 國文에 胎病이 有ᄒᆞ다 ᄒᆞᆷ이 此를 謂ᄒᆞᆷ이라

訓蒙字會에ᄂᆞᆫ 國語音에 ㆆㅿㅂㅇ 등字를 不用ᄒᆞ엿스나 ㆆ字ᄂᆞᆫ 此書以前부터 國語音에 不用ᄒᆞ엿나니라 龍飛御天歌의 記法을 多少改良ᄒᆞᆷ이 有ᄒᆞ나 國語에ᄂᆞᆫ ㅈㅎㅊㅌㅍ等音이 終聲으로 發ᄒᆞᄂᆞᆫ 字가 多ᄒᆞᆫ 것은 ㅋ(箕) ㅌ 治 ㅍ 皮 ㅈ 之 ㅊ 齒 ㅿ 而 ㆁ 伊 ㅎ 屎 를 一字로 名ᄒᆞ고 獨用初聲八字의 說을 始唱ᄒᆞ며 第二病泉을 鑿ᄒᆞᆫ지라

是以로 此病症이 流ᄒᆞ야 由來文字와 今日行用을 觀ᄒᆞ면 國語와 音理를 未解ᄒᆞ고 拘拘히 그 連昔音만 強搆홈이 多ᄒᆞ야 此音을 彼音으로 記ᄒᆞ고 彼音을 此音으로 記ᄒᆞ며 二音을 一音으로 記ᄒᆞ고 一音을 二音으로 記ᄒᆞ며 上字의 音을 下字에 移ᄒᆞ고 下字의 音을 上字에 附ᄒᆞ며 上字의 音을 上下字에 分屬ᄒᆞ고 下字의 音을 上下字에 分屬ᄒᆞ며 此類에ᄂᆞᆫ 不書ᄒᆞ고 彼類에 書ᄒᆞ며 朝에ᄂᆞᆫ 此法을 取ᄒᆞ고 暮에ᄂᆞᆫ 他法을 用ᄒᆞ야 書書不同ᄒᆞ고 人人異用ᄒᆞ며 一言을 數十種으로 記홈이 有ᄒᆞ며 文字를 未解ᄒᆞᄂᆞᆫ 弊가 語音에 及ᄒᆞ고 語音을 未辨ᄒᆞᄂᆞᆫ 害가 文字에 至ᄒᆞ야 文言이 不同ᄒᆞ며 漢音의 變을 我音이 彼ᄒᆞ고 前人謬를 後人이 襲ᄒᆞ야 苟且相因ᄒᆞ고 混亂無稽ᄒᆞ니 이에 깊이 研究ᄒᆞ야 크게 澄清ᄒᆞ지 안이

[illegible] 수 없나니라

기난갈 字分學

學術에쓰는말은반듯이俗語로다하지못할것이오또맞지안이함과便하지안이함이잇음으로여기에는글말로쓰되없는말은새로表를짓어쓰노라

기난갈의 쓰는뜻

기는낫말을이르는것으로씀이니여러가지몬(物이라하는東言解에잇는것)이나일을달아이르는말을각각부르는일흠으로씀이라

(본) 우리나라가곱다하면우리와나라와가와곱과다모도다섯기니라(이러함으로漢文字의뜻과다르니라)

난은分의뜻과같은말이니각낫기의바탕(質,性)을따르어결에(族,同種類의뜻과같은말)되는分别이잇음을이름이라

갈은硏의뜻과같은말이니배호나알아내의뜻곳學이나硏究의뜻과한가지로쓰어각기의결에를(배홈)찾음을이름이라

이러함으로기난갈이라함은실(꿈인말곳組織語를이르는기로씀이라)을꿈인각낫기를배호는것이라이름이라

기난들 字分業

들은業이라함과한가지니곳一統의典이라함과같음을이름이라

여러가지몬과일을달아(따르어)사람과사람의뜻을나다내는말의기는매우많으되그결에는아홉가래가잇나니라

아홉결에의몸과일홈은이러하니라

一 임 名 몸 여러가지몬(有形無形)을이름하는기를다이름이라 (본) 사람,개,남구,돌,흙,물,뜻,잠,아춤

一 엇 形容 여러가지엇더함을이르는기를다이름이라 (본) 희,크,단단하,착하,이르,이러하

一 움 動作 여러가지움즉임을이르는기를다이름이라 (본) 가,날,자,먹,따리,잡,먹이,잡히

一 겻 引接關係 임기의만이나움기의자리를이르는기를다이름이라 (본) 가,이,를,을,도,는,에,에서,로,으로

一 잇 接續 한말이한말에잇어지게함을이르는여러가지기를다이름이라 (본) 와,과,고,면,으면,이나,다가,는데,아어

一 언 名形 엇더한(임긴이라이르는여러가지기를다이름이라 (본) 이,저,그,큰,적은,엇더한,무슨,이른,착한,귀한,한,두,세

一 억 形副 엇더하게(움)라이르는여러가지기를다이름이라 (본) 다,잘,이리,저리,그리,천천이,꼭,졍하게,매우,곳,크게,착하게

一 놀 感 여러가지놀나는(느낌)기를다이름이라 (본) 다,아,이다,나,이나,아야,어라

一 끗 完 한말을다맞제함을이르는기를다이름이라 (본) 도다,오,소

(잡이) 억에는엇더하게(엇,억)라이르는여러가지기를이름도잇나니라 (본) 매우는엇더하게(엇,억)

임기,엣,기의자리를이르는여러가지기도잇는움즉임이라

임 가리어씀이라 이름의이와미만 엇 가리어씀이라 엇더한의엇만 움 가리어씀이라 움즉임의움만 겻 서로얽히는뜻이라

꿋ㅗ 꿋四ㄷ 꿈四 뛰四

辛

찍四

잇 한말의끗과한말의끗을서로매어때로나 게ᄒᆞ지안이ᄒᆞ고한줄이되게ᄒᆞᄂᆞᆫ뜻이라 언 엇더ᄒᆞᆫ의어와 ㄴ만씀이라 억 엇더

ᄒᆞ게의어와ㄱ만 가러어씀이라 끗 마지막의뜻이라 만 固有의權,專,任라 한가지의뜻으로씀이라 자리 位處와한가지의뜻으로씀이라

기난익힘

잡 잡아야ᄒᆞᆯ것이라 ... 뜻으로씀이라 본 본보기 의뜻이라

사람이가오 — 사람 이 이겻 가움 오 끗

말이뛰오 — 말 이겻 뛰움 오 끗

물이자라오 — 물 임 이겻 자라움 오 끗

풀이무르오 — 풀 임 이겻 무르엇 오 끗

꽃이아곱다 — 꽃 임 아겻 곱엇 다 끗

물이맑다 — 물 임 이겻 맑엇 다 끗

얼음이차다 — 얼음 임 이겻 차엇 다 끗

대가길다 — 대 임 가겻 길엇 다 끗

아츰이이로다 — 아츰 임 이겻 이르엇 다 끗

밤이착ᄒᆞ다 — 밤 임 이겻 착ᄒᆞ엇 다 끗

사람이밥을먹소 — 사람 임 이겻 밥 임 을겻 먹움 소 끗

소가풀을먹소 — 소 임 가겻 풀 임 을겻 먹움 소 끗

제비가집을짓소 — 제비 임 가겻 집 임 을겻 짓움 소 끗

붉은꽃이피오 — 붉은 언 꽃 임 이겻 피움 오 끗

나비와벌이꽃으로가오 — 나비 임 와잇 벌 임 이겻 꽃 임 으로겻 가움 오 끗

적은아기가젓을먹고자오 — 적은 언 아기 임 가겻 젓 임 을겻 먹움 고잇 자움 오 끗

한사람이노래ᄒᆞ면서가오 — 한 언 사람 임 이겻 노래ᄒᆞ움 면서잇 가움 오 끗

어린아기가웃으면서어머 — 어린 언 아기 임 가겻 웃움 으면서잇 어머니 임 를겻

너를보오 — 보움 오 끗

그아기가젓을먹다가자오 — 그 언 아기 임 가겻 젓 임 을겻 먹움 다가잇 자움 오 끗

붓에먹을찍어쓰오 — 붓 임 에겻 먹움 을겻 찍움 어잇 쓰움 오 끗

저사람이집으로가오 저연사람임이것집엄으로것가움오곳

그배를집어먹어라 그연배임를것집움어잇먹움어라곳

배나밤을먹어라 베임나잇밤임을것먹움어라곳

가마귀는씻어도검다 가마귀임는것씻움어도잇검엇다곳

봄이되면꽃이피오 봄임이것되움면잇꽃임이것피움오곳

너는무슨말을뭇느냐 너임는것무슨연말임을것뭇움ᄒᆞ나곳

지금은이른아츰이요 지금임은것이른연아츰임이요곳

세사람이내에잇는데두사람은고기를잡고한사람은그물을깁소 세연사람임이것내임에것잇움는데잇두연사람임은것고기임를것잡움고잇한연사람임은것그물임을것깁움소곳

꽃이피는데나비가오누나 꽃임이것피움는데잇나비임가것오움누나곳

솔은푸르고눈은희도다 솔임은것푸르엇고잇눈임은것희엿도다곳

비가자조오니풀이잘크오 비임가것자조억오움니잇풀임이것잘억크연오곳

그사람이천〃이가오 그연사람임이것천〃이억가움오곳

두름이가펄〃날더라 두름이임가것펄〃억날움더라곳

몸을다씻어라 몸임을것다억씻움어라곳

뜰을정ᄒᆞ게씰어라 뜰임을것정ᄒᆞ게억씰움어라곳

저리가오 저리억가움오곳

나는곳학교로가오 나임는것곳억학교임로것가움오곳

나는학교에몬저가오 그연학생임는것학교임에것몬저억가움오곳

그학생이맘을착ᄒᆞ게먹소 그연학생임이것맘임을것착ᄒᆞ게억먹움소곳

글을더읽어라 글임을것더억읽움어라곳

글을잘읽어라 글임을것잘억읽움어라곳

글을더잘읽어라 글임을것더억잘억읽움어라곳

소리가빠르게가오　소리임가겻빠르게억가움오꿋

번개가매우빠르게가오　번개임가겻매우억빠르게억가움오꿋

나는검은고를타고너는노래를ᄒᆞᆫ자　나임는겻검은고임를겻타움고잇너임는겻노래임를겻ᄒᆞ움자꿋

아달이밝다　아달임이겻밝엇다꿋

한아에둘을더ᄒᆞ면셋이요　한아임에겻둘임을겻더ᄒᆞ움면잇셋임이요꿋

가람은내보다크다　가람임은겻내임보다겻크연다꿋

봄에는나물이흔ᄒᆞ다　봄임에는겻나물임이겻흔ᄒᆞ엇다꿋

금은무겁고돌은단〻ᄒᆞ다　금임은겻무겁엇고잇돌임은겻단〻ᄒᆞ엇다꿋

뜻잇는사람은일을알우오　뜻임잇는언사람임은겻일임을겻알우움오꿋

사람, 말, 물, 뫼, 물, 열음, 대, 밥, 소, 제비, 집, 나비, 벌, 아기, 젓, 학생, 학교, 어머니, 붓, 먹, 배, 밤, 가마귀, 너, 내, 고기, 그물, 솔, 눈, 비, 두름이, 몸, 뚤, 날, 굴, 번개, 검은고, 가람, 나물, 금, 돌, 아츰, 맘, 봄, 말지, 금, 소리, 노래, 한아, 둘, 뜻, 일은 다 임기니. 사람, 말, 물, 뫼, 물, 열음, 대, 밥, 소, 제비, 집, 나비, 벌, 아기, 젓, 학생, 학교, 어머니, 붓, 먹, 배, 밤, 가마이, 너, 내, 고기, 그물, 솔, 눈, 비, 두름이, 몸, 뚤, 날, 굴, 번개, 검은고, 가람, 나물, 금, 돌은 다. 바탕이 엇는 몬의 임인데. 그 속에 너, 나는 다 저의 임을 틔셤ᄒᆞᄂᆞᆫ 임이요. 그 남아는 다 저의 임이 때. 아츰, 맘, 봄, 말지금, 소리, 노래, 한아, 둘, 뜻, 일은 다 바탕이 업는 일의 임인데. 그 속에 아츰, 봄, 지금은 다 때의 임이요. 한아, 둘은 다 혬의 임기요. 그 남아는 다 일의 임기라

후르곰, 맑, 차, 갈, 이프, 착ᄒᆞᆫ, 검, 히, 크, 무겁, 단〻ᄒᆞᄂᆞᆫ 다 엇기니. 후르, 곰, 길, 검, 히, 크은 다 몬의 모양이요. 맑, 무겁, 단〻ᄒᆞ은 다 몬의 픔이요. 착ᄒᆞᆫ 위의 픔이요. 차은 다 몬의 바탕 뜻으로 쓸이라이요. 이르와 같은 기들은 다 때오 곤둥와 같은 긴들은 다 혬이라

가, 뛰, 자라, 짓, 티, 자, 노래ᄒᆞ, 웃, 보, 적, 쓰, 집, 씻, 되, 못, 잇, 잡, 겁, 오, 크, 날, 씰, 며, 읽, 타, ᄒᆞᆫ, 더ᄒᆞᆫ, 일우는 다 움기니. 가, 뛰, 자라, 티, 자, 노래ᄒᆞ, 웃, 되, 잇, 오, 크, 날과 같은 기들이니 그 움즉임이 제 몸에만 잇음을 이르음이요. 제, 보, 적, 쓰, 집, 씻, 못, 잡, 겁, 씰과 같은 기들은 남에게 움즉임이나 그 움즉임이 다른 몸에게 됨을 이르음이라

이、가、을、으로、로、를、에、는、은、에、는、보다、는、다、겻기니。이、가、을、를、는、은、다、만이요、으로、

로、에、에는 때만 겻도 될 가 잇음 보다、은、다、자리라

와、면서、으면서、다가、어、나、어도、면、는데、고、니、는、다、잇기어、와、기를 잇음이요。면서、으

면서、어움、즉임이요。다가、근침이요。어와 같은 기들은 이요。나와 마가짐이요。어도와

같은 기들은 다 뒤 접음이오。는데와 같은 거들은 다 다시 울어 업이

요。고와 같은 기들은 다 두 알을 잇어 줄 임이오。나와 같은 기들은 다 깨다리이라

은、다 때오。잇는과 같은 기들은 다 움죽임이라

요。저、그、다、가르침이요。한、세、두、들은 다 헴이요。무、슨、은、다、知요。이른과 같은 기들

붉은、적은、어린、그、무、슨、이른、세、두、잇는、은、다、언기니。붉은、적은、어린 몬의 모양이

잘、자、조、천、이、렬、다、졍훈게、저리、곳、몬저、착훈、제、더、잘、매우、빠르게는、다、억기니、

잘、천、이、렬、빠르게、자조와 같은 기들은 다 번이요。다、더、매우、은、다、같이요。저리

은、다、곳이요。곳、몬저와 같은 기들은 다 때요。착훈게와 같은 기들은 다 힘이 되이라

오、다、소、어、라、느、냐、이요、누、나、도、다、더、라、자、는、다、끗기니。오、다、소、이요、더라、자、은、다、이

름 인테오、소、이요는 말훈는 이의 뜻을 이름으로도 쓰고 물음으로도 쓰며

어라、은、다、시김이요。느냐、은、다、물음이요。누나、도다、은、다、홀로 이라

右에 字類의 名稱은 國語로 作훔이니 或은 定音이라

字로 作훈 때 그 文字의 義로만 解得훈 習慣이 有훈 때 그 定義를 훈

안이훈 면 語解훈 기 易훈 니 國語로 作훈 든지 漢字로 用훈 든지 定義를

훈 기는 一般인 漢字로 定훈 기는 國語로 定훈 기 보다 未便훈 때 近日

라 支那에서 漢字로 文法에 用훈 는 名稱이 有훈 나 其中에 本事實에 相左훈

國語에 不適훈 이 有훈 故로 一切 훈 노라 그 國語로 作훈 거니와 何훈

지 國語에 國語를 用훔이 可훈 지 안이훈 이오

이러훔으로 以下에도 此훔이 有훈 니라

이러훈 게 여기 난 이、각、또、(결)가 잇는데、그、(결)을 (말)아 가르지 안이훈 면 어

기 (결)에 붙을 것인지 알기 어렵음이 잇을지라。이러훔으로、각 기 (결)의 난들을

들어 이를 것이요 또 이것을 반듯이 이 알에 둘 것이나 말 듯을 얄지 못훈 때 기 난

의、참 뜻을 깨듯기가 어렵은지라。이러훔으로、말의 큰 듬만이 알에 의히 고、

다음에、기 (결)의 난들을 말 겟훈 노라

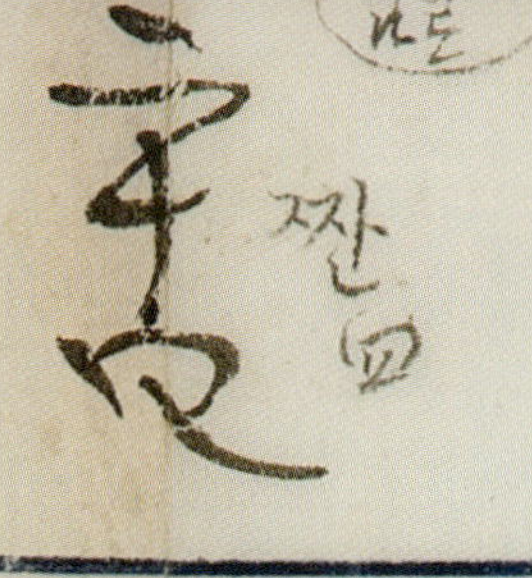

짬 四 짠 五 짬 二 짬 四

짬듬갈 格分學

듬반갈의 쓰는 뜻

짬은 짜에 ㅁ을 더한 임기니 짜는 것이라 함인데 꿈임과 한 뜻이라

듬 法典格體式과 한가지의 뜻으로 씀이니 말이 꿈이어지는 여러가法을 이르는 이름으로 씀이라

반 ㅇ에 보인 뜻과 한가지니 감듬의 바탕(質性)을 딸아 붙에 되는 分別이 있음을 이름이라

갈 ㅇ에 보인 뜻과 한가지니 짬듬의 결에를 배홈을 이름이라

그러홈으로 짬듬갈은 格分學이라 홈과 한가지 짬듬가 꿈이 어지는 여러法을 배호는 것이라 이름이라

말듬을 갈기에 緊要한 기를 擇定하고 그 뜻을 알에 말하노라

말 뜻을 나타내는 소리니 낫말 기이나 꿈인 말을 다 이름이라

기 (字) 낫말을 이름이니 한낫몬이나 일을 이름이라

짜 (組織) 도몸붙어 되는 기로 꿈인 말을 이름이라

모 (節) 꿈인 말에 남이가 없는 말을 이름이라

드 (長語) 꿈인 말에 남이가 있는 말을 이름이라

미 (一編) 한일을 다 말한 말을 이름이라

그림

말 — 기, 짜 — 모 드 미

임이 (主者) 임 主와 關한 뜻 이 者와 關한 뜻

씀이 (物者) 씀 쓰에 ㅁ을 더함이니 임기를 만든 것이니 用과 關한 뜻

남이 (成者或說者) 남 나(出現)에 ㅁ을 더함이니 임기를 만든 것

임이빗 (主者表) 빗 보람과 關한 뜻이니 임이빗은 곳 임이의 形權表타냄과 關한 뜻

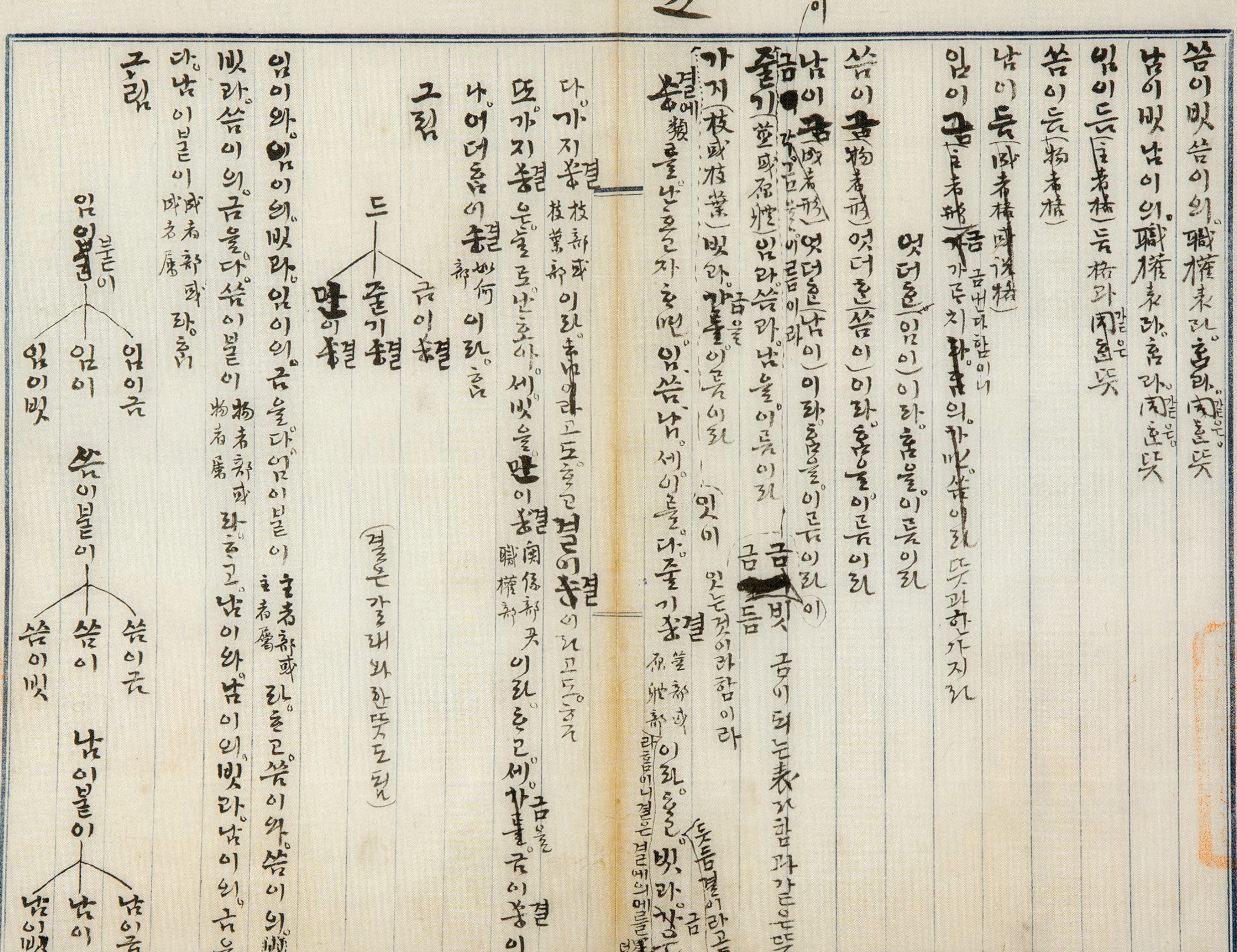

씀이빗 씀이의 職權表라。 호라。 關혼뜻

남이빗 남이의 職權表라。 호라。 關혼뜻

임이듣(主者格) 듣格과 關혼뜻

씀이듣(物者格)

남이듣(成者格或說格)

임이금(主者格) 엇더혼(임이)이라 홈을 이듬이라 금의 가지라 뜻과 한가지라

씀이금(物者格) 엇더혼(씀이)이라 홈을 이듬이라

남이금(成者格) 엇더혼(남이)이라 홈을 이듬이라 이

줄기(莖或根體) 임이라 씀이라 남을 이듬이라

가지(枝或枝葉) 빗이라 가를 이듬이라 멋이 잇는것이라 함이라

금빗 금듬

결에 類를 난호자 호면 임, 씀, 남。 세이를 다。 줄기결(莖部或體部)이라 홈。 빗이라 찾。

다。 가지결(枝部或枝葉部)이라 호고 도 혹은 결에 결이라고도 홈

또 가지결은 를 또 난호아 세 빗을 맏이결(關係部或職權部)이라 호고 세 가를 금이결이

나 어더듬이결(部如何)이라 홈

그림

드 — 금이결 · 줄기결 · 맏이결

(결은 갈래와 한뜻도 됨)

임이와 임이의 빗과 임이의 금을 다 임이붙이(主者部或主者屬)라 호고 씀이와 씀이의

빗과 씀이의 금을 다 씀이붙이(物者部或物者屬)라 호고 남이와 남이의 빗과 남이의 금을

다 남이붙이(成者部或成者屬)라 홈

그림

임이붙이 — 임이금 · 임이 · 임이빗

씀이붙이 — 씀이금 · 씀이 · 씀이빗

남이붙이 — 남이금 · 남이 · 남이빗

듬난갈 [格學圖說]

말듬을 알기 쉽게 ᄒᆞ랴고 낫실을 가리어서 그 듬을 난호아 말ᄒᆞ고 다시 그림으로 그 뜻을 보이노라

본드 一 아기가 자라오

(겨난) 본은 본보기라 ᄒᆞᆷ이요 드는 한 낫의 꿈인 말이 남이가 잇음을 이름이니 본드는 (아모리 적어도) 例 며나 例題라 ᄒᆞᆷ과 한가지 뜻으로 씀에 하 본보기 되는 드라 ᄒᆞᆷ이라

(기난) 아기 임 가 겻 자라 움 오 곳

(듬난) 아기 이 임 가 빗 임 이 자라 이 남 오 빗 남이 아기 가 듬 임 이 자라오 듬 남이 아기 자라 웃듬 겹곳 곳

줄기 겹 가 오 만이 ᄒᆞᆷ결 곳 가지 ᄒᆞᆷ결 (이니 낫낫에는 만이나 가지라 ᄒᆞᆷ) (이니 낫낫 미든 웃드 이나 줄기라 ᄒᆞᆷ)

아기 자라 가 오

一 이 그림에 굵게 나리어 것은 줄은 이 말의 줄기 결을 보인 것이라

二 굵은 줄의 왼편의 첫재로 가늘게 가로 것은 한 줄은 임이의 자리를 금ᄒᆞᆫ 것이라 금ᄒᆞ는 限定ᄒᆞᆫ 와 한가지 뜻ᄒᆞᆫ 씀이라

三 굵은 줄의 왼편에 가늘게 가로 첫 것은 세 줄은 남이의 자리를 금ᄒᆞᆫ 것이라

四 이 우 알에 가로 것은 가는 줄의 왼편 끗에 나리어 것은 가는 줄 둘은 만이 ᄒᆞᆷ결의 쪽을 금ᄒᆞᆫ 것이라

五 그 중에 우에 줄은 임이 빗의 자리를 보인 것이라

六 알에 줄은 남이 빗의 자리를 보인 것이라 (알이) 이 말은 임, 남, 두 듬으로 다 된 것이니라 다

알이는 알아야 ᄒᆞᆯ 것이라 ᄒᆞᆷ이니 要緊과 한가지 뜻으로 씀이요 다
되는 完成되 닷이라 한 자로 씀이라
다 된 것은 아모리 적어도 이 두 듬은 잇나니라

본드 二 아기가 젓을 먹소

(기난) 아기 임 가 겻 젓 임 을 겻 먹 움 소 곳

(듬난) 아기 이 임 가 빗 임 이 젓 씀 이 을 빗 씀 이 먹 남 이 소 빗 남 이 아기가 듬 임 이 젓을 듬 씀 이 먹소 듬 남 이

아기, 젓, 먹 웃듬 겹결 곳 가, 을, 소 만이 ᄒᆞᆷ결 곳 줄기 ᄒᆞᆷ결 가지 ᄒᆞᆷ결 (이니 낫낫 미든 웃듬이라 ᄒᆞᆷ 이니 줄기) (이니 낫낫에는 만이나 가지라 ᄒᆞᆷ)

(그림) 아기 젓 먹 가 을 소

一 굵은 줄의 왼편에 둘재 가늘게 가로 것은 두 줄은 씀이의 자리를 금ᄒᆞᆫ 것이라

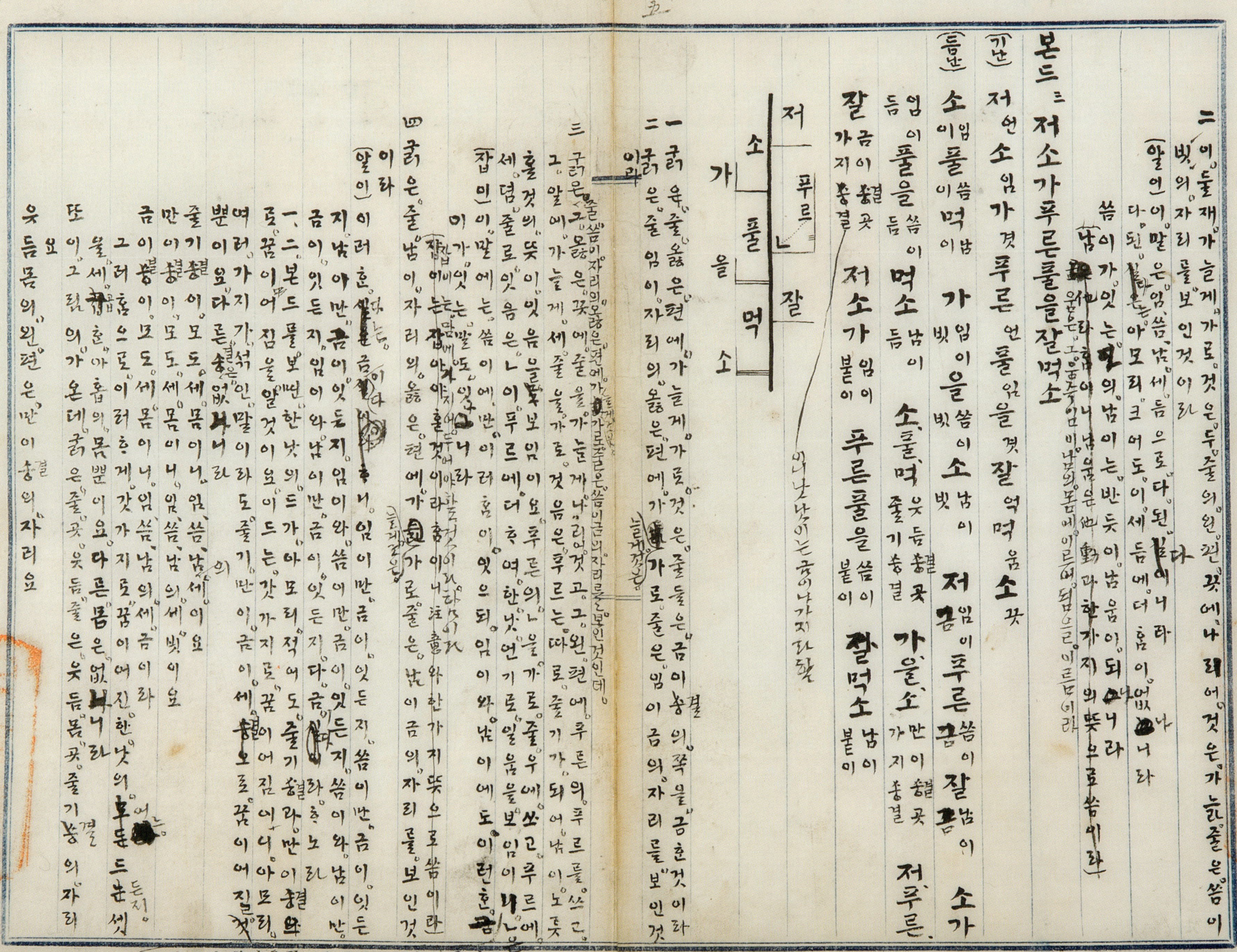

二 이 둘재 가늘게 가로 것은 두 줄의 왼편 곳에 나려 어 것은 가늘 줄은 씀이 빗의 자리를 보인 것이라
(알언) 이 말은 임, 씀, 남, 세 듬으로 다 된 다 아모리 크어도 이 세 듬에 더 홈이 없나니라
씀이 가 잇는 말의 남이는 반듯이 남움이 되나니라

본드 三 저소가푸른풀을잘먹소
(기난) 저 언 소 임 가 겻 푸른 언 풀 임 을 겻 잘 억 먹 움 소 끗
(듬난) 소 임이 풀 씀이 먹 남이 가 빗 을 빗 소 빗 저 임이 곰 푸른 씀이 곰 잘 남이 곰 소가
임이 풀을 씀이 듬 먹소 남이 듬 소, 풀, 먹 웃듬 붙결 곳 줄기 붙결 가, 을, 소 만이 붙결 곳 가지 붙결 저, 푸른,
잘 곰이 붙결 곳 가지 붙결 저소가 임이 붙이 푸른풀을 씀이 붙이 잘먹소 남이 붙이

一 굵은 줄 옳은 편에 가늘게 가로 것은 줄들은 곰이 붙결의 쪽을 곰 혼 것이라
二 굵은 줄은 임이 자리의 옳은 편에 가늘게 가로 줄은 임이 곰의 자리를 보인 것이라
三 굵은 줄 옳은 곳에 줄을 가늘게 나리어 것고 그 왼편에 푸른의 푸르를 쓰고 그 알에 가늘게 세 줄을 가로 것음은 푸르는 따로 줄기가 되어 남이 노릇 홀 것의 뜻이 잇음을 보임이요 푸른의 ㄴ을 가로 줄 우에 쓰고 푸르에 세 떰 줄로 잇음은 ㄴ이 푸르에 더 후여 한 낫 언기로 일움을 보임이니 잡 민 이 말에는 씀이 에만 이러홈이 잇으되 임이와 남이에도 이런 혼 곰이 가 잇나니라
四 굵은 줄 남이 자리의 옳은 편에 가 가로 줄은 남이 곰의 자리를 보인 것이라
(알인) 이러혼 곰이니 임이 만 곰이 잇든지 씀이 만 곰이 잇든지 남이 아 만 곰이 잇든지 임이 와 씀이 와 남이 만 곰이 잇든지 임이 와 남이 만 곰이 잇든지 다 곰이라 호노라
一、二、본드를 보면 한 낫의 드가 아모리 적어도 줄기 붙결이라 만이 붙결의 로 꼼이 어 짐을 알 것이요 이 드는 갓가지로 꼼이 어 짐이니 아모리 세 붙결로 꼼이 어 질 것
뿐 이러 가지가 섞인 말이라도 줄기 만 이 곰이 세 붙결로 꼼이 어 질 것이요 다른 붙결은 없나니라
줄기 붙결이 모도 세 몸이니 임, 씀, 남의 세 빗이요
만이 붙결이 모도 세 몸이니 임, 씀, 남의 세 빗이요
곰이 붙결이 모도 세 몸이니 임, 씀, 남의 세 곰이라
그러홈으로 이러호게 갓가지로 꼼이어 진 한 낫의 드는 드든지
울세 홉 혼 아 홉의 몸 뿐이요 다른 몸은 없나니라
또 이 그림의 가온데 굵은 줄 곳 웃듬 줄은 웃듬 몸 곳 줄기 붙결의 자리
요 웃듬 몸의 왼편은 만이 붙결의 자리요

맺고

웃듬몸의옳은편은곰이의자리라
또이그림의가온데긁은줄은줄기요
왼편과옳은편에붙은줄은가지라
또이그림의임이붙이의줄들은웃마되요
씀이붙이의줄들은가온데마되요
낫이붙이의줄들은알에마되라

본드四 이소는누르고저말은검다

이알에혼는(불음에) 一二三등드로밀어보면그림만잇어도기난과듬난을넉이알겟
기에이제는쓰지안이ᄒᆞ노라
一우알에고웃듬줄사이에고리줄은이말의우알에

이 소 는 누르 고 저 말 은 검 다

一 우알에웃듬줄사이에고리줄은이말의우알에마되를잇는것이니이
두마되를잇는고의자리를보인것이라
二 웃마되의남이빗자리에서고로잇은뎜줄은이고가웃마되의남이빗
을아우틈으로이러ᄒᆞᆫ뜻을보임이라
(알인) 이소가누르를웃마되라ᄒᆞ거나몬저마되라ᄒᆞᆷ
저말은검다를알에마되라ᄒᆞ거나끗마되라ᄒᆞᆷ

이말은우알에두마되를고가잇음으로두마되로된한낫의드라
ᄒᆞᆷ
웃마되의남이는꿋꿋남이ㅄ이없고그만을잇기고가아우르어
가짐으로웃마되는다못일운마되라ᄒᆞᆷ
알에마되의남이는그빗이잇음으로다된마되ᄒᆞᆷ
그러ᄒᆞ나알에마되의남이빗은웃마되의남이빗의만을아우른
것이니우알에두마되를고로잇어한낫몸을만들고한낫의남
이빗으로끗을맺음이니라
이두마되의몬저와나종은그일의몬저와나종으로일움이안이
오말을꿈이노라고몬저……와나종을일움이니우알에마되를밧
구어저말은검고이소는누르다ᄒᆞ여도그일은한가진까닭이니
라
(잡인) 일은한때에여러가지가잇으되그일을나타내는말은한
줄뿐이니라

본드五 저사람이노래ᄒᆞ면서가오

저 사람 이 노래ᄒᆞ 면서 가 오

一 이그림은우에그림들과서로견주어다잘풀어지리라(보면)
二 그러ᄒᆞ나알에마되남이가의임이는웃마되의임이아기가아우르니

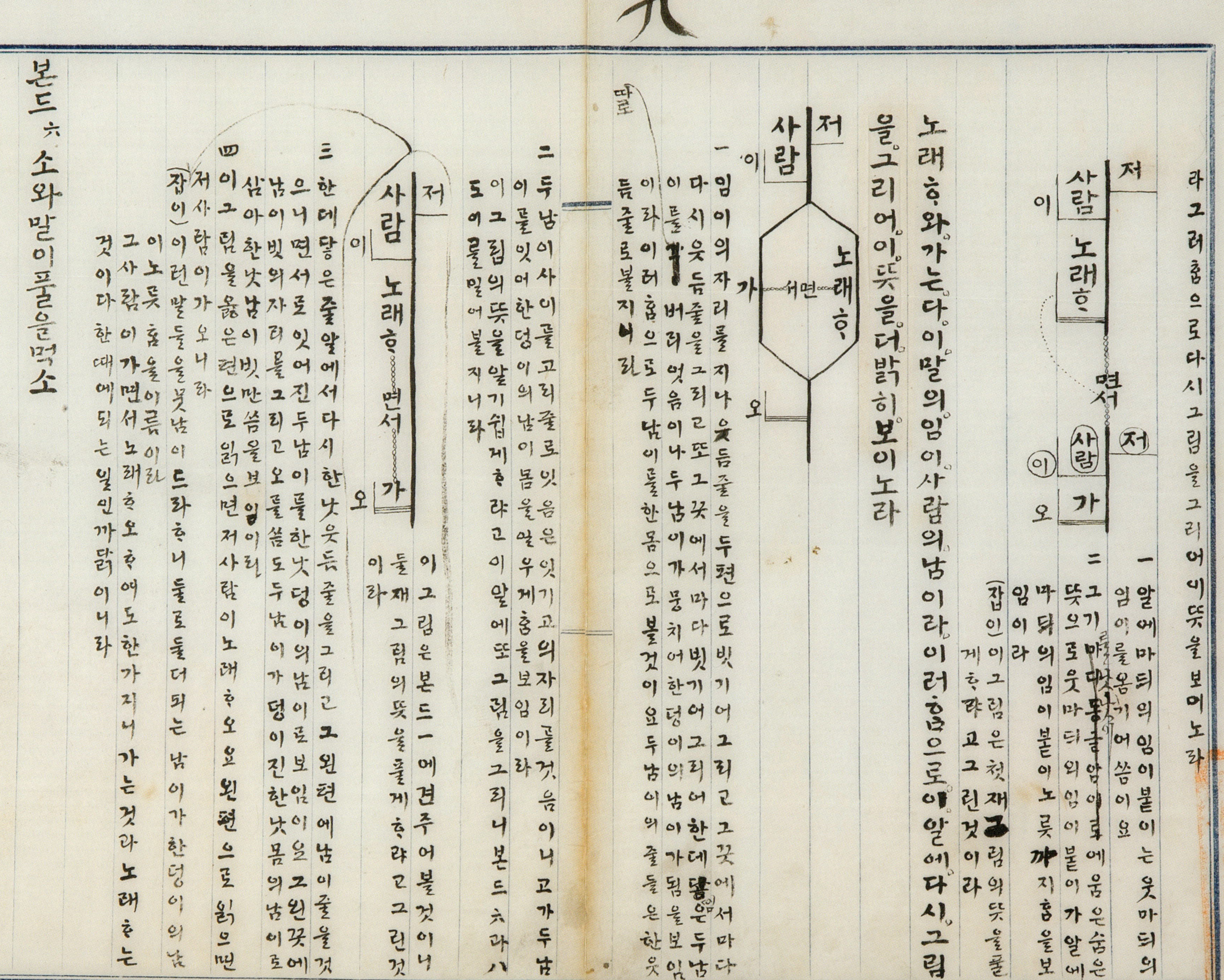

라그려춤으로다시그림을그리어니뜻을보이노라

一 알에마듸의임이붙이는웃마듸의 임이를옴기어씀이요

二 그기마ᄃᆡ동ᄀᆞᆯ암이로에움은숨은 뜻으로웃마듸의임이붙이가알에 마듸의임이붙이노릇까지홈을보 임이라

(잡인)이그림은첫재그림의뜻을풀 게ᄒᆞ랴고그린것이라

노래ᄒᆞ와가ᄂᆞᆫ다。이말의임이。사람의남이라。이러ᄒᆞᆷ으로이알에다시。그림 을。그리어。이뜻을。더밝히보이노라

一 임이의자리를지나웃듬줄을두편으로빗기어그리고그끗에서마다 다시웃듬줄을그리고또그끗에서마다빗기어그리어한데돌음은두남 이를버리엇음이나두남이가뭉치어한덩이의남이가됨을보임 이라이러홈으로두남이를한몸으로볼것이요두남이의줄들은한웃 듬줄로볼지니라

따로

二 두남이사이를고리줄로잇음은잇기고의자리를것。음이니고가두남 이를잇어한덩이의남이몸을알우게홈을보임이라 이그림의뜻을알기쉽게ᄒᆞ랴고이알에또그림을그리니본드六과八 도에를일어볼지니라

이그림은본드一에견주어볼것이니 둘재그림의뜻을풀게ᄒᆞ랴고그린것 이라

三 한데당은줄알에서다시한낫웃듬줄을그리고그왼편에남이줄을것 으니면서로잇어진두남이를한낫덩이의남이로보임이요그왼끗에 남이빗의자리를그리고오를쓰도두남이가덩이진한낫몸의남이로 삼아한낫남이빗만씀을보임이러

四 이그림을옮은편으로읽으면저사람이노래ᄒᆞ오요왼편으로읽으면 저사람이가오나라

(잡이)이런말들을뭇남이드라ᄒᆞ니둘로둘더되는남이가한덩이의남 이노릇홈을이름이라 그사람이가면서노래ᄒᆞ오ᄒᆞ에도한가지니가는것라노래ᄒᆞ는 것이다한때에되는일인까닭이니라

본드六 소와말이풀을먹소

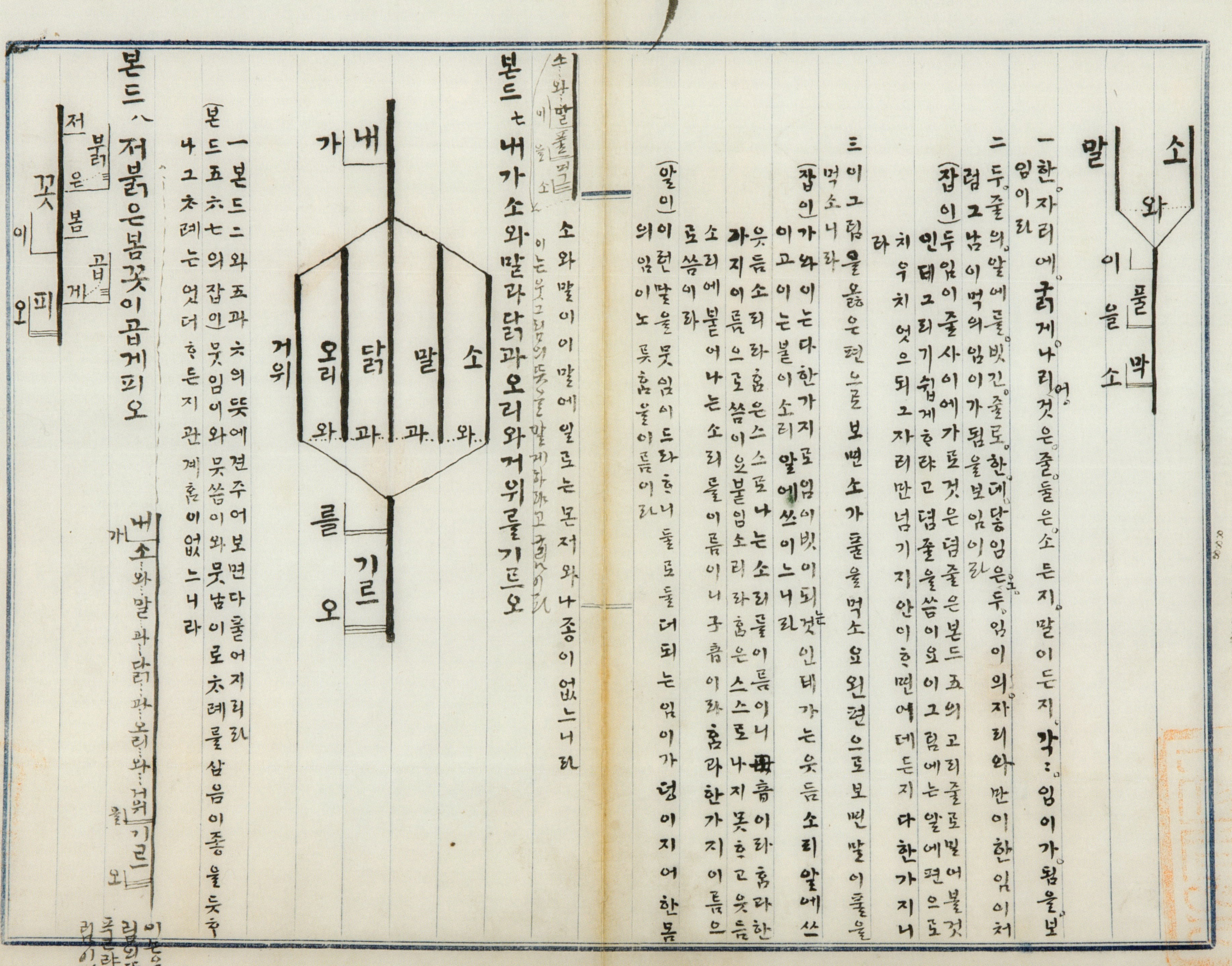

一 한자리에 굵게 나리어 것은 줄 둘은 소든지 말이든지 각각 입이가 됨을 보임이라

二 두줄의 알에 둘 빗긴 줄로 한데 닿임은오 두 입이 의 자리와 만이 한 입이처럼 그 남이 먹의 입이가 됨을 보임이라

(잡이) 두 입이 줄 사이에 가 또 것은 뎜줄은 본드五의 고리줄로 빌어 볼것인데 그리기 쉽게 ᄒᆞ랴고 뎜줄을 씀이요 이 그림에는 알에 편으로 치우치 엇으되 그 자리만 넘기지 안이ᄒᆞ면 어데든지 다 한가지니라

三 이 그림을 옳은 편으로 보면 소가 풀을 먹소요 왼편으로 보면 말이 풀을 먹소니라

(잡이) 가와 이는 다 한가지로 입이 빗이 되는 것인데 가는 웃듬 소리 알에 쓰이고 이는 붙이 소리 알에 쓰이느니라

웃듬 소리라 ᄒᆞᆷ은 스스로 나는 소리를 이름이니 母音이라 ᄒᆞᆷ과 한가지 이름으로 씀이요 붙임소리라 ᄒᆞᆷ은 스스로 나지 못ᄒᆞ고 웃듬 소리에 붙어 나는 소리를 이름이니 子音이라 ᄒᆞᆷ과 한가지 이름으로 씀이라

(알이) 이런 말을 뭇 입이 드라ᄒᆞ니 둘로 둘 더 되는 입이가 뎡이지어 한몸의 입이노 뭇ᄒᆞᆷ을 이름이라

소와 말이 이 말에 일로는 본저와 나 종이 없느니라

이는 뭇 그림의 뜻을 말ᄒᆞ게 ᄒᆞ라고 그리ᄋᆞ이라

본드七 내가 소와 말과 닭과 오리와 거위를 기르오

一 본드二와 五과 六의 뜻에 견주어 보면 다 풀어지리라

(본드五 六 七의 잡이) 뭇 입이와 뭇 씀이와 뭇 남이로 ᄎᆞ례를 삼음이 좋을 듯ᄒᆞ나 그 ᄎᆞ례는 엇더ᄒᆞ든지 관계ᄒᆞᆷ이 없느니라

이는 뭇 그림의 뜻을 곡로라고 그려이라

본드八 저 붉은 봄 꽃이 곱게 피오

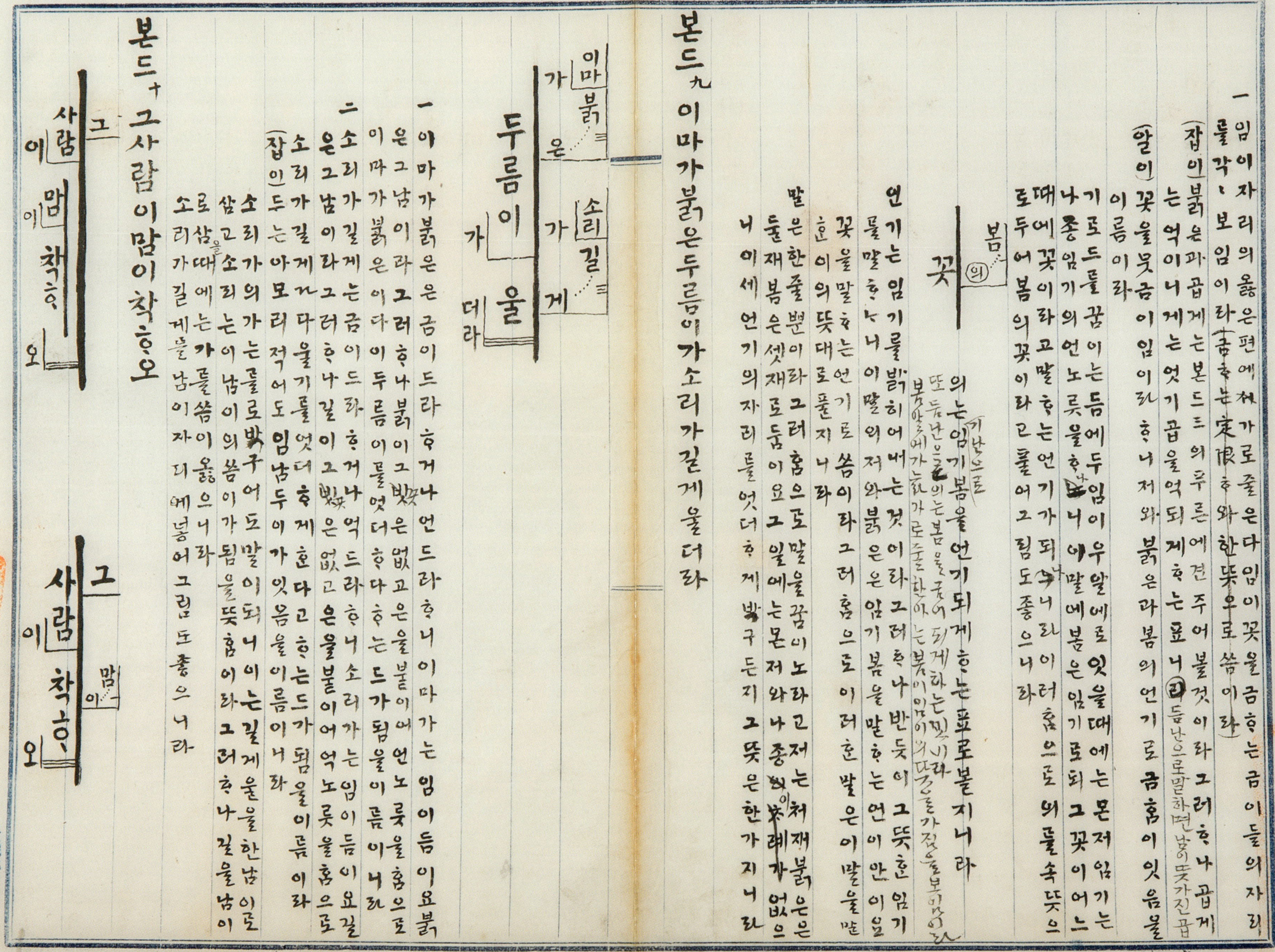

一 임이자리의옳은편에처가로줄은다임이꽃을금ᄒᆞ는금이들의자리를각각보임이라(금ᄒᆞ는定限ᄒᆞ와한뜻으로씀이라)

(잡이)붉은과곱게는본드三의푸른에견주어볼것이라그러ᄒᆞ나곱게는억이나게는엇기곱을억되제ᄒᆞ는표니라

(알이)꽃을못금이임이라ᄒᆞ나저와붉은과봄의언기로금ᄒᆞᆷ이잇음을이름이라

기로드를꿈이는듬에두임이우알에로잇을때에는몬저임기는나종임기의언노릇을ᄒᆞ니말에봄은임기로되그꽃이어느때에꽃이라고말ᄒᆞ는언기가되ᄂᆞ니라이러ᄒᆞᆷ으로외줄속뜻으로두어봄의꽃이라고풀어그림도좋으니라

봄 (의) 꽃

의는임기봄을언기되게ᄒᆞ는표로볼지니라

연기는임기를밝히어내는것이라그러ᄒᆞ나반듯이그뜻ᄒᆞᆫ임기를말ᄒᆞᄂᆞ니이말의저와붉은은임기봄을말ᄒᆞ는언이안이요꽃을말ᄒᆞ는언기로씀이라그러ᄒᆞᆷ으로이러ᄒᆞᆫ말은이말을맏ᄒᆞᆫ이의뜻대로풀지니라

말은한줄뿐이라그러ᄒᆞᆷ으로말을꿈이노라고저는처재붉은은둘재봄은셋재로둠이요그일에는몬저와나종의차례가없으니이세언기의자리를엇더ᄒᆞ게밖구든지그뜻은한가지니라

본드九 이마가붉은두름이가소리가길게울더라

이마 가 붉 은 소리 가 길 게 두름이 가 울 더라

一 이마가붉은은금이드라ᄒᆞ거나언드라ᄒᆞ니이마가는임이듬이요붉은그남이라그러ᄒᆞ나붉이그밖은없고은을붙이어언노릇을ᄒᆞᆷ으로이마가붉은이다이두름이를엇더ᄒᆞ다ᄒᆞ는드가됨을이름이니라

二 소리가길게는금이드라ᄒᆞ거나억드라ᄒᆞ니소리가는임이듬이요길은그남이라그러ᄒᆞ나길이그밖은없고은을붙이어억노릇을ᄒᆞᆷ으로소리가길게까다울기를엇더ᄒᆞ게ᄒᆞᆫ다고ᄒᆞ는드가됨을이름이라

(잡이)두는아모리적어도임남두이가잇음을이름이니라

소리가의가는풀로밖구어도말이되니이는길게울을한남이로삼고소리는이남이의씀이가됨을뜻ᄒᆞᆷ이라그러ᄒᆞ나길을남이로삼을때에는가를씀이옳으니라

소리가길게를남이자리에넣어그림도좋으니라

본드十 그사람이맘이착ᄒᆞ오

그 사람 이 맘 이 착ᄒᆞ 오

그 사람 이 맘 이 착ᄒᆞ 오

一 맘이착ᄒᆞᆯ다임이자리에둠은맘이착ᄒᆞᆫ가다그사람이엇더ᄒᆞᆫ다고ᄒᆞᄂᆞᆫ것이됨을보임이니라

二 맘이착ᄒᆞᆯ다한남이로두엇으나그속에도임이듬의그림이잇으니맘이는착ᄒᆞᆫ의임이듬이됨을보임이라

三 알에그림은맘이가무엇이착ᄒᆞᆫ다ᄒᆞᆷ밝히어넘이됨으로맘이를착ᄒᆞᆫ의금이곳억기로그림이니이는맘을억기되게ᄒᆞᄂᆞᆫ것으로삼아그림이니라

四 알에그림에맘의한줄을가늘게가르것음은맘은임이의방탕이잇음을보임이니라(바탕은性質과한가지의뜻으로씀이라)

(잡인)임이나씀이도이말의남이처럼되는것이잇으니그때에는이를밀어그릴지니라

버금본드 一 어것이먹이다

(알인) 이말을그사람이착ᄒᆞᆫ다고ᄒᆞᆷ으로풀어맘을은듬의임으로잡고그사람이듬을맘의언기로잡으면그임은바구임이없으나그본말의힘은이러어버리ᄂᆞ니라(힘은勢와한가지의뜻으로씀이라)

이 것 이 먹 이다

一 언지이와임치첫을틈로잇음온것이듬으로는임기나일로는무엇을가르침이못되고이에잇어진뒤에야어느것을가르치어내는뜻이잇음으로일로는빛에짐을보임이요듬으로는다른몸이됨을보임이라그러ᄒᆞ나것은언기를임기로밖구어지게ᄒᆞ는조로보고알에처럼그림도좋으니라

이것 이 먹 이다

(알인) 것은언불이임이라ᄒᆞ니홀로는쓰임이없고늘언에붙어말이됨을이름이라

이것은다대신임이라ᄒᆞ니어느몬이나일의본이름을대신ᄒᆞ는이름으로씀을이름이라

이말의남이는먹인데먹은임기라이것은곳먹이요먹은곳이것이니라그러홈으로어것은먹의숨이요먹은이것의나타남이니라

버금본드 二 먹는다

ㅅ ㅅ ㅅ 먹 는다

一 이말에반듯이임이듬과씀이듬은속뜻으로쓰이어지엇으니먹으면반듯이먹는이가잇을지라이는임이요임이가잇으면반듯이임이빗도잇을것이요먹으면반듯이먹히는몬이잇을지라이는씀이요씀이가잇으면(반듯이씀에)빗도잇을지라

二 그러홈으로 임이듬과 씀이듬을 다 그림이요

三 임이 자리에 ㅅ은 숨은 임이 곳 속뜻으로 잇는 임이 빗을 그림이요

四 임이 빗자리에 ㅅ은 숨은 임이 곳 속뜻으로 잇는 임이 빗을 그림이요

五 씀이 자리에 ㅅ은 숨은 씀이 곳 속뜻으로 잇는 씀이를 그림이요

六 씀이 빗자리에 ㅅ은 숨은 씀이 빗 곳 속뜻으로 잇는 씀이 빗을 그림이라

그 말 이 가 들 로 뛰 어 더라

버금본드 三 그말이들로뛰어가더라

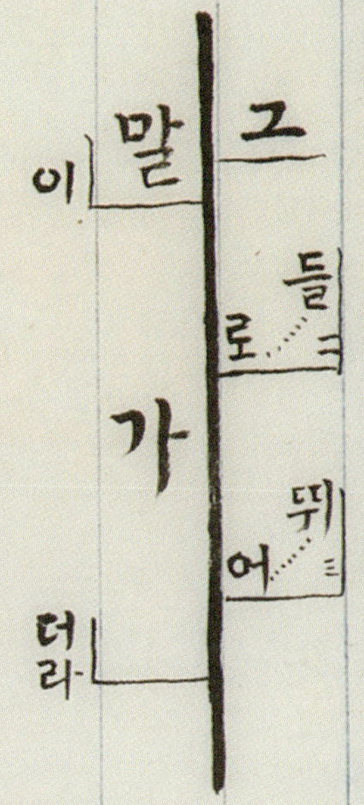

一 이 그림은 덧기와 잇기를 임게에 더ᄒᆞ여 억기로 씀을 말ᄒᆞ랴고 가림이라

二 들 말에 씀에 줄을 것음은 들이 이 말에 씀이의 뜻이 잇음을 보임이라

三 들과 로를 덤줄로 잇음은 임기 들이 덧기로를 가지어 억기의 몸으로 밧굼을 보임이라

四 뛰 말에 남이 줄을 것음은 뛰가 이 말에 남이의 뜻이 잇음을 보임이라

五 뛰와 어를 덤줄로 잇음은 움기 뛰가 잇기 어를 가지어 억기의 몸으로 밧굼을 보임이라

(말이) 이러ᄒᆞᆫ 말을 뭇금이 남이라 ᄒᆞ니 남이와 가 들로와 뛰어의 억금이 끼Ꮧ 즘홈이 잇음을 이름이라

들 말에 씀이 줄라 뛰 말에 남이 줄을 덜고 덤줄로만 잇어 한 억기 몸 곳금이로만 봄도 좋으니라

덧기로와 잇기어는 본드 九 길게의 게와 한가지로 봄도 좋으니라 뛰와 가를 잇기어 가 잇어 한 몸을 일우엇으니 뛰와 가를 한 낫의 일로 보아 말에 처럼 그림도 좋으니라

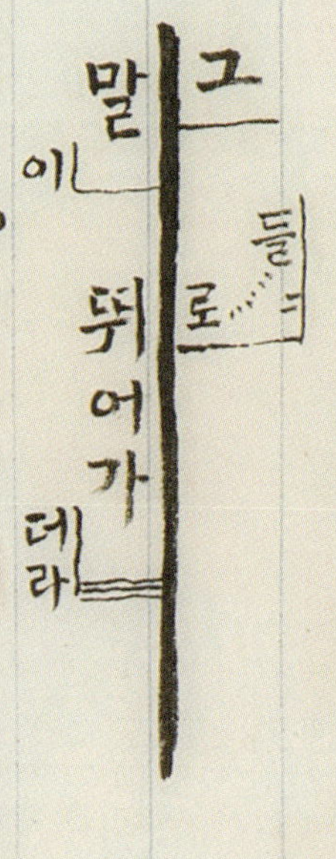

그 말 이 들 로 뛰 어 가 더라

버금본드 四 그소가푸른풀을먹으면서천ㄷ이가오

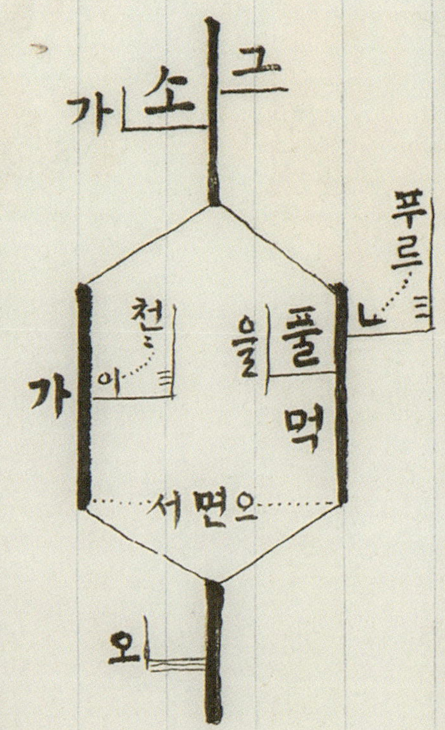

그 소 가 푸르ㄴ 풀 을 먹 천 아 서면으 가 오

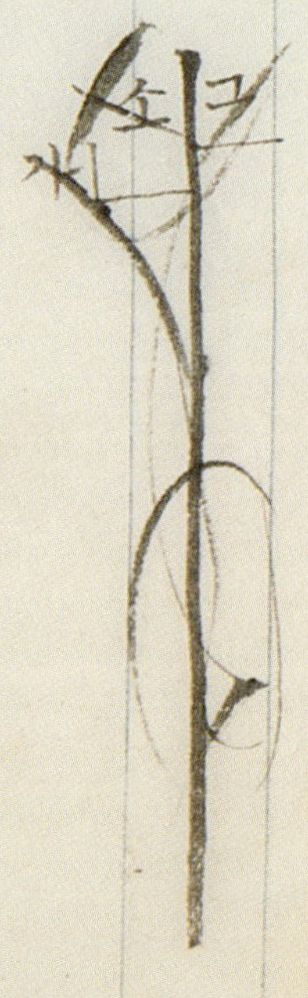

一 씀이듬 줄을 울 남이 먹의 줄에 둠은 먹의 씀이듬만 되고 남이가 에 맴이 없음을 밝히어 다르게 홈이라

(京城北內印行)

二 그 남이는 본저 그림들에 잇는 것이라

三 이 그림을 옳은편으로 읽으면 그 소가 ᄎᆞ픈 풀을 먹소 ᄒᆞᆫ편으로 읽으면 그 소가 천〻이 가오라

(알인) 천〻이는 천〻ᄒᆞ게 ᄒᆞᆯ 줄인 말인데 천〻은 천〻ᄒᆞ의 ᄒᆞ를 빼고 천〻만 씀이라 그러홈으로 그 알에 남이 줄을 것엇고 이는 게의 거를 빼고 ㅣ만 씀이라 그러홈으로 가로 줄 우에 씀이라

옳은편 웃듬 줄과 왼편 웃듬 줄을 ᄒᆞᆫ 몸의 웃듬 줄로 볼 때에는 먹라가만 ᄒᆞᆫ 덩이 몸 됨으로 볼 것이오 먹에 ᄎᆞ픈 풀을 아우르고 가에 천〻이 풀 우르어 볼 때에는 각〻 난호아진 ᄒᆞᆫ 낫의 줄로만 볼지니라

버금본드 五 바람이 불매 배가 가오

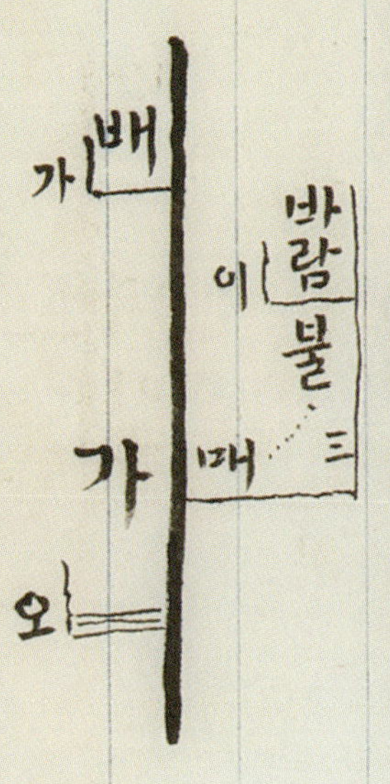

배 가
바람 이
불 매
가
오

一 바람이 불매는 배의 가는 까닭을 가르치는 드라 그러홈으로 남이가 의금이 드르고 그림이라

(알인) 매는 까닭을 말ᄒᆞᄂᆞᆫ 잇기나 움기 불에 더ᄒᆞᆫ 예 셕기의 몸을 일움이라

배가 바람이 불매 가오 ᄒᆞ여도 ᄒᆞᆫ 가지의 일이라

바람 이
불
매
배 가
오

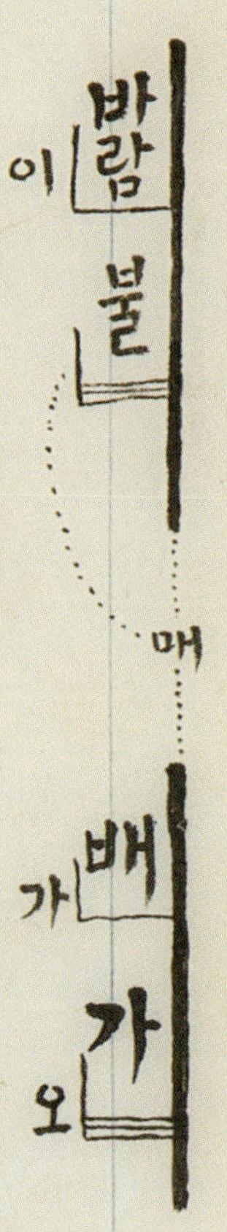

一 이러ᄒᆞ게 그리고 웃마듸는 매로 말미암아 알에 마듸의 까닭을 이르는 것이라 홈도 덜어짐이 없으러라

버금본드 六 비가 자조 오니 풀이 잘 자라오

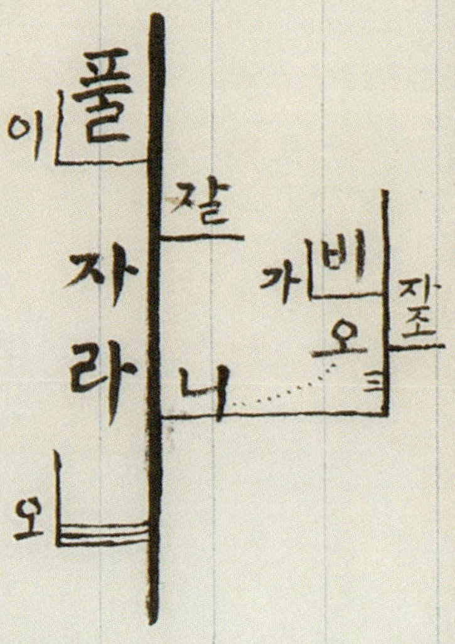

풀 이
잘
자라
비 가
자조
오
니
오

一 잘은 자라의 길을 곰ᄒᆞᄂᆞᆫ 억기라

(길은 程度와 ᄒᆞᆫ 가지의 뜻으로 씀이라)

二 비가 자조 오는 자라의 까닭을 곰ᄒᆞᄂᆞᆫ 억드라

(잡인) 이 그림은 적은 뜻이 잇는 바 풀 거리 기지 안이ᄒᆞ고 걸듬만 들어 그림이라

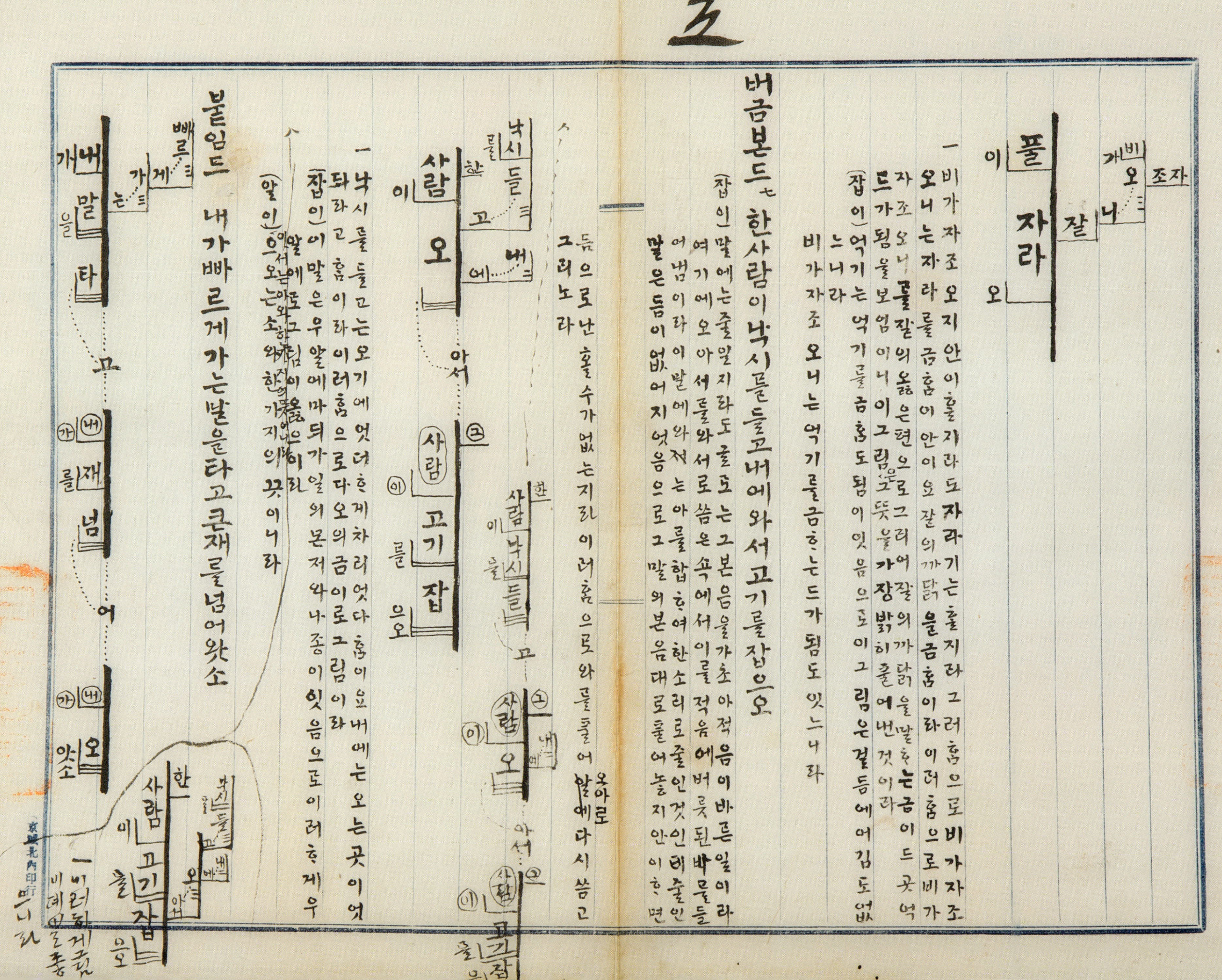

一 비가자조오지안이ᄒᆞᆯ지라도자라기는ᄒᆞᆯ지라그러ᄒᆞᆷ으로비가자조오니는자라를금ᄒᆞᆷ이안이요잘의까닭을금ᄒᆞᆷ이라이러ᄒᆞᆷ으로비가자조오니풀잘의옳은편으로그려어잘의까닭을말ᄒᆞᆫ는금이드곳억드가됨을보임이니이그림은그뜻을가장밝히ᄒᆞᆯ여번것이라

(잡이)억기는억기를금ᄒᆞᆷ도됨이잇음으로이그림은걸듬에어김도없느니라

비가자조오니는억기를금ᄒᆞᆫ는드가됨도잇느니라

버금본드ᄂᆞᆫ 한사람이낚시를들고내에와서고기를잡으오

(잡이)말에는줄일지라도줄코는그본음을가초아적음이바른일이라여기에오아서를와서로씀은속에서이를적음에비롯된바물들어냄이라이말에와저는아를합ᄒᆞ여한소리로줄인것인데줄인말은듬이없어지엇음으로그말의본음대로ᄒᆞᆯ어놓지안이ᄒᆞ면듬으로난ᄒᆞᆯ수가없는지라이러ᄒᆞᆷ으로와를ᄒᆞᆯ어오아로알에다시씀고그리노라

一 낚시를들고는오기에엇더ᄒᆞᆫ게차리엇다ᄒᆞᆷ이요내에는오는곳이엇되라고ᄒᆞᆷ이라이러ᄒᆞᆷ으로다오의금이로그림이라

(잡이)이말은우알에마되가일의몬저와나중이잇음으로이러ᄒᆞᆫ제우말에도그림이옳으니라

(알인)으오는소와한가지의꿋이니라

불임드 내가빠르게가는말을타고큰재를넘어왓소

一 이그림은본드四의첫재금림에견주어볼것이라

빠르게 가는 (가) 말을 (내) 타고 내 재를 넘어 오앗소

一 빠르게가는말을라고는오기에엇더케차리엇다홈이요재를넘어는오는곳이어
텨라고홈이라이러홈으로이두드를다오의금이로둠이라

二 타의임이듬은내가가속뜻으로잇음으로그동즐암이들은다이를그림
이라

(잡이)넘의임이듬은내가가속뜻으로잇고가의임이듬은말이가속뜻
으로잇으나이를그리지안이홈은이는홀로그리지안이홀뜻이
잇음을보임이안이요속뜻으로잇는것은잇다금그리지안이홈
여도관계홈이없음을보임이라

버금본드八 좋은사람은뜻이없이잇을때가없오나니라

좋은 사람 (그) 뜻 없이 (이) (사람) 잇을 때가 없나니라

버금본드九 달빛이히기가눈같으오

一 뜻이없이잇을때가없은이임이사람이엇더흐다는한덩이의남이로
그림이요그속에잇는그림은큰듬만볼때에남이로둠을다시보고그
속에도듬이잇음을난호아그림이라

달빗에 히기가 눈 같으오

一 달빛이히기를다이임이자리에둠은이말이다한덩이임기로갈의임에로쓰이어짐을보임이라

二 그속에그림은이덩이로된임이몸을또줄어그림인태기를그속줄가줄의끝에둠은달빛이히혀드를임기몸처럼쓰이게ᄒᆞ는표가됨을보임이요달과잇은빛의금이줄에ㅅ은속뜻으로잇는의를보임이요빛의금이줄에ㅅ은속뜻으로잇는의를보임이요달알에한낫가로줄은로갈의금이줄에ㅅ은속뜻으로잇는과를보임이라

달이임이의뜻이잇음을보임이라

달ㅅ
빛 이
히기 가
눈갈 으오

一 이그림은눈갈을한남이로삼은것이니눈은임기로되갈을더ᄒᆞ여함께보면엇더ᄒᆞ다는한말의엇기라이러홈으로다남이자리에둠이라

달의
빛 이
히기 가
눈갈 으오

一 이눈히기란임이로잡아그림이라

버금본드+ 공긔가움즉이면바람이라고ᄒᆞ(하나)보니라

(기난) 공긔 임 가 겻 움즉이 움 면 잇 바람 임 이라 꿋 고 잇 ᄒᆞ 움 느니라 꿋

ㅅ
바람이라 고
시
공긔 가
움즉이 면 三
ᄒᆞ 느니라

바람
이라 고 를

우의그림의씀이듬만홀어그린것

一 바람은임기요이라는꿋기라임기와꿋기가합ᄒᆞ여엿으니남이듬이라그러ᄒᆞ나또곧홀더ᄒᆞ여다시임기와몸으로씀에ᄒᆞ이러홈으로바람이라고홀한임기로치고씀이로그림이라

二 씀빗자리에ㅅ은속뜻을보이ㅅ는를보임이라

三 임이자리에ㅅ은속뜻으로잇는사람을보임이라

四 임이빗자리에잇는ㅅ은속뜻으로잇는이를보임이라

(알인)ᄒᆞ는말ᄒᆞ와이르와이름ᄒᆞ와부르와일컷후파한가지의말이라

五 공긔가움즉이어야바람이라부ᄅᆞᆷ으로공긔가움즉이면온남이ᄒᆞᆫ를금ᄒᆞ는바더라이러홈으로ᄒᆞ의금이로그림이라

우의그림의남이듬만풀어그린것

바람이라 고ᄒᆞ 느니라

공긔움즉이 가 면 … 스 시스 시스 바람이라고ᄒᆞ 느니라

一 바람이라고는한임기몸으로치고ᄒᆞ는이에더ᄒᆞ여한움기의몸으로
밧구어지게ᄒᆞᆷ이라이러ᄒᆞᆷ으로바람이라고ᄒᆞ를한움기의몸으로치
고남이로그림이라

二 임이자리에사람이요임이빗자리에ᄉᆞ은요이라

三 쓰임이자리에잇는ᄉᆞ은속뜻으로잇는공긔를그림이요쓰임이빗자리에
ᄉᆞ은속뜻으로잇는가를그림이요그금이자리에잇는ᄉᆞ은속뜻으로
잇는그를그림이라

(말인)바람이라를임기몸으로치고고없이ᄒᆞ를바로더ᄒᆞ여움기몸으
로밧기도ᄒᆞ느니라

공긔움즉이 가 면 … 스 시스 시스 바람이라 고ᄒᆞ 느니라

一 그림은바람이라를한임기몸으로치고고는를에나로의뜻과한가지
로쓰임을보이어그림니라

공긔움즉이 가 면 … 스 시스 시스 바람이라고ᄒᆞ 느니라

一 이말의뜻으로뚝ㄷ이말ᄒᆞ면공긔가움즉이면사람이그움즉이는공
긔를바람이라고ᄒᆞ느니라ᄒᆞᆯ지라이러ᄒᆞᆷ으로이그림은어러ᄒᆞᆫ말로
그림이라

二 말에마듸의ᄉᆞ들은속뜻으로잇는말들을그림이니남이자리에ᄉᆞ은
사람이요그빗자리에ᄉᆞ은이요쓰임이자리에ᄉᆞ은공긔요그빗자리에
ᄉᆞ운를이요그첫재금이자리에ᄉᆞ은이요둘재금이자리에ᄉᆞ은움즉
이는이라

(잡이)이러ᄒᆞ게그릴때에도공긔가움(즉)이면이라ᄒᆞ는마듸를바람이라
고ᄒᆞ의금이로그리기도할것이요본저그림들에남이의(마)금이로
그린공긔가움즉이면이라ᄒᆞ는마듸들이그림처럼옷에되꼬그
리기도ᄒᆞᆯ지니라

(잡이)놀은그뜻이이러한그림에들어갈만한바가못되나따로두는것이좋고학거그리라ᄒᆞ면맞는남이에금이

(잡이)말로그뜻을밝히를어내기어렵음은그림으로를것이요그림으로도밝히
기어렵음은말로를것이요이두가지로다를수없음은그일의뜻을맘으로
살피어ᄒᆞᆯ지니라

익힘드

一 물이루르다 二 물이루르니라 三 물이루르고나 四 물이물로오 五 물이루르옵나이다 六 물이루릅나이다 七 물이루르옵나이가 八 물이루릅니가 九 물이루르옵더이다 十 물이루릅데다 十一 물이루르옵더이가 十二 물이루릅데가 十三 글을보아라 十四 글을보오 十五 글을보시오 十六 글을보시옵소서 十七 글을보소서 十八 먹이검다 十九 먹이검으니라 二十 먹이검으냐 二十一 먹이검고나 二十二 먹이검으오 二十三 먹이검소 二十四 먹이검으옵나이다 二十五 먹이검읍니다 二十六 먹이검으옵나니가 二十七 먹이검읍니가 二十八 아기를안는다 二十九 아기를안앗다 三十 아기를안겟다 三十一 아기를안더이다 三十二 아기를안읍더이다 三十三 아기를안읍데다 三十四 아기를안읍데가 三十五 아기를안느냐 三十六 아기를안앗느냐 三十七 아기를안겟느냐 四十 아기를안더냐 四十一 아기를안으옵나이다 四十二 아기를안읍니가 四十三 아기를안으십니가 四十四 아기를안아라 四十五 아기를안으오 四十六 아기를안으시오 四十七 아기를안으옵시오 四十八 아기를안읍시오 四十九 아기를안으시옵소서 五十 아기를안으소서 五十一 이것이벼루다 五十二 이것이먹이다 五十三 이것이벼루라 五十四 이것이먹이라 五十五 이것이벼루로다 五十六 이것이먹이로다 五十七 이것이벼루고나 五十八 이것이벼루요 五十九 이것이벼루옵나이다 六十 이것이먹이옵나이다 六十一 이것이벼룹니다 六十二 이것이먹입니다 六十三 이것이먹이냐 六十四 이것이벼루요 六十五 이것이먹이요 六十六 이것이벼루옵나이다 六十七 이것이먹이옵나이가 六十八 이것이벼룹니가 六十九 이것이먹입니가 七十 그것이벼루더라 七十一 그것이먹이더라 七十二 바람은가볍고물은맑고나 七十三 저사람들이배를타고놀면서가오 七十四 조히를펴고그림을그리어라 七十五 조히를펴고붓에먹을찍어그말을적어라 七十六 봄에는꽃이곱소 七十七 여름에는록도가찟소 七十八 가울에는달이밝소 七十九 겨울에는눈이히오 八十 봄에는날이따뜻하고꽃이피오 八十一 여름에는소낙이가오고록초가찟소 八十二 가울에는바람이서늘하고들이누르오 八十三 겨울에는가람이얼고눈이히오 八十四 메와내가곱소 八十五 어머니와아들이배와밤과감을먹소 八十六 그아들이배를벗기어그어머니에

계들이면서잡스십시오ᄒᆞ오 저굽은늙은이가연란아기들이자란뒤에먹을
밤나무를심으오 九十 두름이가이마는붉고주둥이와목과다리는길고우에는히
고알에는검다 九十 가라랍은돌언덕에선솔나무푸른가지밝은가람늘어지고그
솔우에두룸이는그가람의결을딸아걸제울때날아간다 九十一 푸른가지흔들ᄒᆞ
돌인솔이밝은가람돌언덕에백혀섯다 九十二 목이길고이마붉은저두룸이가람우
에놉이뜨어멀게노래부르면서선들ᄒᆞ바람결에털ᄒᆞ날아가네 九十三 갑을준는
대로몬을받음라같이정셩을쓰는대로공부ᄒᆞᆫ늘보니라 九十四 지극ᄒᆞᆫ셩덕으로공
부를ᄒᆞ면알지못ᄒᆞᆯ것이없ᄉᆞ오리라 九十五 쇠는ᄒᆞᆯ무에들어간아마치의단련을받아
야귀ᄒᆞᆫ쇠가되고사람은학교에들어가아스승의가르침을들어야좋은사람이
되오니라 九十六 스승이가르치는말을듣고그뜻을각지안이ᄒᆞ면엳음이없으리
라 九十七 뜻이뎡ᄒᆞᆫ학생은힐을일우ᄂᆞ니라 九十八 목슨일에든지뜻이잇어야그
일이되오니라 九十九 뜻이잇는사람은익이고뜻이없는사람은지오니라 百 좋은뜻
에서는좋은일이나아오고좋지안이ᄒᆞᆫ뜻에서는좋지안이ᄒᆞᆫ일이나아오오니
라 百一 맘의밧을길이갈아좋은씨를심을자조잘다스리어주면서옐움이잘열
기를바랄지니라 百二 옷을자조빨아에깨끗ᄒᆞᆫ것과같이맘도자조닦아야더럽어
지지안이ᄒᆞ오니라 百三 괴롭음을질겁어ᄒᆞ는사람은편안ᄒᆞ고귀ᄒᆞᆫ게살것이오
편안ᄒᆞᆷ을좋아ᄒᆞ는사람은고롭고천ᄒᆞ게살리라 百四 백셩이부지런ᄒᆞ고지식이
늘어가면그나라는높아지지안이ᄒᆞᆯ이없오니라 百五 하ᄂᆞᆯ의힘은스스로돕는이
에게일프고스스로돕지만이ᄒᆞ는이에게서떠나보니라 百六 뜻이없는사람은뜻
이잇는사람의일을알지못ᄒᆞ오니라 百七 남이ᄒᆞ지안이ᄒᆞ는일이라고ᄒᆞ지안이
ᄒᆞ는사람은남의밑에붓터어짐을벗지못ᄒᆞ오니라 百八 작힐줄만알고끝힐줄을
모르며흠내낼줄만알고가릴줄을모르면어지러워지나니라 百九 잘못ᄒᆞᆷ이잇을지라도
뉘옷고끈히치면옳은사람이되오니라 百十 못기를좋아ᄒᆞ는사람은티닮ᄒᆞ기가어
렵지안이ᄒᆞ리라 百十一 알기를사랑ᄒᆞ는사람은못기를붓그럽어ᄒᆞ지안이ᄒᆞ오니

라 百十一 못기를붓그럽어ᄒᆞᆫ지안이ᄒᆞᆫ눈사람은붓그럽음이없어지리라 百十二 못기를
붓그럽어ᄒᆞ는이는붓그럽음이젺ᄌᆞ더ᄒᆞ리라 百十三 무슨일에든지예비를잘ᄒᆞ는이
는당ᄒᆞ보는일이적으리라 百十四 편안ᄒᆞᆯ때에위티ᄒᆞᆷ을생각ᄒᆞ지못ᄒᆞ는이는뜻밖
에변을만ᄒᆞᆫ지못ᄒᆞᄂᆞ니라 百十六 큼것을적음에서칫는이는일어나고어렵음을
쉬움에서잇는이는넘어지리라 百十七 한세상을엇제못살아서악ᄒᆞᆷ에좃노롯으로
지내는사람은구에히석은을ᄇᆞᆯᄒᆞᆯ수없ᄂᆞ니라 百十八 착ᄒᆞᆷ을착ᄒᆞᆷ으로좃아ᄒᆞᆫ눈사
람은남이알지못ᄒᆞᆯ때에더욱질겁음을얻ᄂᆞ니라 百十九 힘을들이지안이ᄒᆞ고살기를
꾀ᄒᆞ는이는하ᄂᆞᆯ과사람이다밉어ᄒᆞᄂᆞ니라 百二十 남의힘을으로살는사람은나무에
좀과한가지라 百二十一 남의힘을으로살는빅셩이많은나라는가난ᄒᆞᆫ때에악ᄒᆞᆫ때에쇠ᄒᆞᆫ때
쇠ᄒᆞ여망ᄒᆞᄂᆞ니라 百二十二 자리가ᄂᆞᆸ아질수록몸을낮히고집이ᄯᅥᆯ어질수록씀을
고르게ᄒᆞ면그누림이오래가리라 百二十三 사람의첫재질겁은일은우에로하날과알
에로사람에게붓그럽음이없이사는것이니라 百二十四 착ᄒᆞᆫ사람이되ᄆᆞ자ᄒᆞ면서착ᄒᆞᆫ

지못ᄒᆞᆫ일을ᄒᆞ는것은몸을정ᄒᆞ게ᄒᆞᆯ자ᄒᆞ면서더럽은것을바르는것과같으
니라 百二十五 뜻이없으면알도없ᄂᆞ니라 百二十六 위티ᄒᆞᆯ가념려ᄒᆞ여막기를힘쓰는집안에
는편안ᄒᆞᆷ이나아올것이요편안ᄒᆞᆫ줄만알고질겁에만ᄒᆞᄂᆞᆫ집안에는위티ᄒᆞᆷ이
들어오리라 百二十七 별은적은벌어지로되법을업히작히거든사람으로엇지법이
중ᄒᆞᆫ줄을모르오나 百二十八 법이문어진나라는불낸집과같으니라 百二十九 매암아ᄂᆞᄂᆞ
놀은가지서ᄂᆞᆯᄒᆞᆫ그늘속에서매암ᄂᆞᄂᆞ노래만ᄒᆞ면서일ᄭᅢ가늘어러ᄒᆞᆯ줄만알
오나가을이되어서리가오고일이떨어질때에엇지ᄒᆞᆯ고 百三十 목리를거느리는이
는꾸짖기만ᄒᆞ고훼ᄲᅮ리지는말지니라 百三十一 많은것과같으니본지가앉으면
닭아야보이리라 百三十二 어리어서배호지안이ᄒᆞ면크어서일ᄒᆞᆯ줄을모를것이오
크어서일ᄒᆞᆯ줄을모르면늙어서엇지ᄒᆞᆯ고 百三十三 일은시작이없으면끗도없ᄂᆞ니라
百三十四 갓갑게잇는것은가지기쉽다고심상이보다가잃기쉽으니라그러ᄒᆞᆷ으로빗
두ᄯᅢ에소금도집어넣어야짜다ᄒᆞᄂᆞ니라 百三十五 남이몰을지라도옳고리ᄒᆞᆫ일이면

몬

행ᄒᆞ는 사람은 남을 부릴 것이오 남이 알아주는 일만 좇아ᄒᆞ는 사람은 남에게 부리어지리라 고을 다락에 엇은 글이 아모리 많으나 보지 안이ᄒᆞ면 떡기에 갑이나 될가 고을 험ᄒᆞᆫ 땅에서 괴롭게 일ᄒᆞ는 여가 편안ᄒᆞᆫ 꽃자리에 앉음을 외리라

이제 각기 결의 난들을 알에 벌이니 한 몬을 섞어 씀은 이때 이러ᄒᆞᆫ 게 쓴 바가 잇어 그 때 몸김인데 한 몬이 안이라도 말ᄒᆞ지 못ᄒᆞᆯ 바가 안이오 또 더 쉽거나 좋음을 취함이 안이라

기갈래의 난들

임의갈래

一 제이름 여러가지 몬과 일의 이름

一 두로

一 몬 (본) 사람, 새, 개, 나비, 고기, 매, 물, 돌, 붓, 옷, 바람, 번개 (잡이) 빅셩과 같은 기는 여럿의 덩이 이름이어라 ᄒᆞᆯ지나 다 여기에 두고 따로 만들지 안이ᄒᆞᆷ

一 일 (본) 뜻, 일, 빨, 아츰, 사랑

一 獨有 호로 (본) 삼개, 돌메 (사람의 이름)

一 代表이름 名을 代表ᄒᆞ는 名稱 제이름을 대신하는 이름

一 人代 사람을 代表ᄒᆞ는 名稱 (본) 나, 너, 저, 우리, 너희

一 指目 가리킴 (본) ...

一 언잇 언알에 잇어 名下에 連ᄒᆞ야 用ᄒᆞ는 것이라 그러ᄒᆞ므로 이름을 언붙이라 ᄒᆞᆯ 낸 ᄒᆞ나 홀로 쓰이지 못ᄒᆞ고 늘 어느 언가 알에 붙어 쓰임을 이름이라 (본) 이 (解) 큰 이 큰은 언기요 이는 이름인데 언기 알에 붙이지 안이ᄒᆞ고는 쓰이지 못ᄒᆞ는 것

一 不知 모름 (본) 누구, 아모

一 數量 혬 原名의 數를 表ᄒᆞ는 名稱

一 基數 ᄋᆞᆺ듬혬 (본) 한, 아, 둘, 셋

一 數量 가량혬 (본) 더러, 좀, 다

一 不知數 모름혬 (본) 몇, 마

一 物質 몬 各種動不動物을 代表ᄒᆞ는 名稱

一 形連 (언잇) (본) 것 (解) 큰 것은 언기오 것은 物質代名인데 언기 알에 連ᄒ지 안이ᄒ고 홀로 쓰이지 안이ᄒ는 것

一 不知 (모르는) (본) 무엇

一 數量 (혬)

一 基數 (으뜸혬) (본) 한 아 둘 셋

一 假量數 (가량혬) (본) 더러 좀 다

一 不知數 (모르는혬) (본) 얼마

一 處所 (곳) (본) 여기 저기

(잡이) 어디는 處所의 不知나 各設치 안이홈

一 無質 (몬) 無質底名을 代表ᄒ는 名稱

一 形連 (언잇) (본) 것 바 줄 (解) 일ᄒ는 것, 일ᄒ는 바, 일ᄒ는 줄의 일ᄒ는 은 다 언기오 것과 바와 줄은 다 언기 알에 붙이지 안이ᄒ고는 쓰이지 못ᄒ는 것

一 數量 (혬)

一 基數 (으뜸혬) (본) 한 아 둘 셋

一 假量枚 (가량혬) (본) 더러 좀 다

一 不知數 (모르는혬) (본) 얼마

一 處所 (곳) (본) 여기 저기 거기

一 不知 (모르는) (본) 무엇

(잡이) 이와 다르게 分類ᄒᆯ수도 잇고 이보다 詳密히 分類ᄒᆯ수도 잇고 이보다 簡略히 分類ᄒᆯ수도 잇으니 이 알에 다른 난틀도 다 이러홈

임씨의 簡略ᄒᆫ 난틀 한 갈래

一 제이름 여러가지 몬과 일의 이름

一 몬 (본) 사람, 개, 새, 나비, 고기, 뫼, 물, 돌, 붓, 옷, 바람, 번개, 한양, 울지문덕

一 일 (본) 뜻, 사람, 일, 말, 아츰

一 代表이름 제이름을 代表ᄒ는 이름 (본) 나, 너, 우리, 너희, 이, 누구, 아모, 한, 아, 둘, 셋, 더러, 좀, 얼마, 것, 무엇, 여기, 저기, 거기, 어듸

몸

一 無質 (無質을 代表ᄒᆞᄂᆞᆫ 名稱) 본 것, 이것, 저것, 그것

잇숨씨의 난틀 (形容의 類)의 갈래

一 物品 各種物品質의 如何 본 좋귀ᄒᆞᆫ, 천ᄒᆞᆫ, 무르단단ᄒᆞᆫ, 무겁, 강ᄒᆞᆫ, 부드럽, 연ᄒᆞᆫ, 질기, 서늘ᄒᆞᆫ, 덥, 차,

一 物貌 各種物貌樣의 如何 본 크, 적, 히, 졍ᄒᆞᆫ, 좁, 길

一 行品 諸般行爲의 固有ᄒᆞᆫ 品性의 如何 본 착ᄒᆞᆫ, 어질, 악ᄒᆞᆫ, 순ᄒᆞᆫ, 강ᄒᆞᆫ, 어리석, 슬기롭,

一 行貌 諸般行爲의 現著ᄒᆞᆫ 貌樣의 如何 본 곱ᄒᆞᆫ, 빈ᄒᆞᆫ, 답답ᄒᆞᆫ,

一 時間 (때) 時間의 如何 (때의 어ᄯᅥ한가) 본 이르, 늦, 오라, 길,

一 假量 (가량) 數量의 如何 본 많, 흔ᄒᆞᆫ, 적

一 不知 (모름) 現出ᄒᆞ지 안이ᄒᆞᆫ 것 (나타나지 안이ᄒᆞᆫ 것) 본 엇더ᄒᆞᆫ

엇숨씨의 簡畧ᄒᆞᆫ 난틀 갈래

一 品 諸般物品과 行爲의 如何 본 좋, 귀ᄒᆞᆫ, 천ᄒᆞᆫ, 무르, 단단ᄒᆞᆫ, 무겁, 강ᄒᆞᆫ, 덥, 서늘ᄒᆞᆫ, 차, 착ᄒᆞᆫ, 어질, 악ᄒᆞᆫ, 순ᄒᆞᆫ, 부드럽, 연ᄒᆞᆫ, 질기, 어리석, 슬기롭,

一 貌 諸般物貌와 行爲의 如何 본 크, 적, 히, 졍ᄒᆞᆫ, 좁, 길, 곱ᄒᆞᆫ, 빈ᄒᆞᆫ, 답답ᄒᆞᆫ

一 時間 時間의 如何 본 이르, 늦, 오라, 길

一 數量 數量의 如何 본 많, 적, 흔ᄒᆞᆫ

一 設比 此를 他로 代ᄒᆞ여 類를 比ᄒᆞ는 것 본 이러ᄒᆞᆫ, 저러ᄒᆞᆫ, 그러ᄒᆞᆫ, 이갈이만ᄒᆞᆫ

一 不知 現出ᄒᆞ지 안이ᄒᆞᆫ 것 본 엇더ᄒᆞᆫ

(잡이) 形容의 類ᄉᆞ를 이보다 더 簡畧히 ᄒᆞ라면 設比와 不知를 品貌時數 四類에 相當ᄒᆞᆫ 대로 排附ᄒᆞᆷ이 可ᄒᆞᆷ

움즉씨의 난틀 (動作의 類)의 갈래

一 動性 動作ᄒᆞᄂᆞᆫ 性質

一 自動 自體에 備ᄒᆞᆫ 動ᄒᆞᄂᆞᆫ 것 본 자, 날, 잡히

一 他動 他體에 動ᄒᆞᄂᆞᆫ 것 본 잡, 때리, 먹, 먹이

(잡이) 먹이와 如ᄒᆞᆫ 기는 他動中에 特性이 有ᄒᆞᆫ 것이니 他가 動ᄒᆞ기를 爲ᄒᆞ여 動ᄒᆞ는 것인 故로 爲動이라ᄒᆞ면 明白ᄒᆞᆷ

動作이 此自他兩性外에 또 權ᄉᆞ이 有ᄒᆞ니 下와 如ᄒᆞᆷ

一 動權 動作ᄒᆞᄂᆞᆫ 權力

一 直動 自由로 動ᄒᆞ는것 (본) 따리, 자, 잡

一 被動 他의 動ᄒᆞᆷ을 被ᄒᆞᆷ으로 動ᄒᆞ는것 (본) 잡히

겻씨의 쓰는 關係의 類 갈래

一 만이 格表 임이와 씀이 곳 主物者 職 곳 名字 職權의 如何의 만의 다름 別義 없이 單純ᄒᆞ게 임이 곳 名字가 別關係 없이 임이 되는 職權만 表ᄒᆞ는것 곳 ᄂᆞᆫ 職權이 有ᄒᆞᆷ을 表ᄒᆞ는것 (例)이 가 본

一 임ᄒᆞᆫ만 單主格

(풀이) 새가 날더라 이 말에 가가 임ᄒᆞᆫ만이니 날의 動作을 ᄒᆞ는 者가 새라 ᄒᆞᆷ을 表ᄒᆞ는 것이요 곳 날의 動作을 行ᄒᆞ는 者가 새가 됨을 表ᄒᆞᆷ이라 ○動作 날은 새에서 되는 것이라 그러ᄒᆞᆷ으로 새는 動作 날의 임이니 動作 날에 아모 關係가 없이 임이 곳 行爲者 될 뿐이라 그러ᄒᆞᆷ으로 ᄒᆞᆫ字를 用ᄒᆞᆷ이니 此義를 示ᄒᆞᆷ이라

대가 푸르오 이 말에 가가 임ᄒᆞᆫ만이니 푸르의 狀態를 가진 者 대라 ᄒᆞᆷ을 表ᄒᆞ는 것이요 곳 푸르의 形容을 가진 者가 대가 됨을 表ᄒᆞ는 것이라 ○形容 푸르는 대가 帶ᄒᆞᆫ 것이라 그러ᄒᆞᆷ으로 ᄒᆞᆫ字를 用ᄒᆞᆷ이니 此義를 示ᄒᆞᆷ이라

고양이가 나비요 이 말에 가가 임ᄒᆞᆫ만이라

말이 뛰오 이 말에 이가 임ᄒᆞᆫ만이라

물이 맑오 이 말에 이가 임ᄒᆞᆫ만이라

이것이 붓이요 이 말에 것 알에 이가 임ᄒᆞᆫ만이라

(알이) 우리 나라 말에 임ᄒᆞᆫ만 짓기는 가와 이 뿐이요 其義는 一般인데 가는 웃듬소리 알에 쓰는 것이요 이는 붙음소리 알에 쓰는 것이라

임ᄒᆞᆫ만이라 ᄒᆞ는 ᄒᆞᆫ기의 쓰는 뜻 아모 關係 없이 임이 됨을 ᄒᆞᆫ字로 表示ᄒᆞ엿다 ᄒᆞᆷ은 假令 새는 날더라 ᄒᆞ면 새가 動作 날의 임이 되나 이 말에는 다른 말과 關係ᄒᆞᆷ이 有ᄒᆞ여 그 關係된 말의 임이의 動作과 相反되는 動作을 行ᄒᆞ는 임이가 새다 ᄒᆞᆷ을 ᄂᆞᆫ字로 表ᄒᆞᆫ 것이라 그러ᄒᆞ나 새가 날더라 ᄒᆞ는 가는 이러ᄒᆞᆫ 關係가 無ᄒᆞᆷ으로 此를 辨別ᄒᆞ기 爲ᄒᆞ여 ᄒᆞᆫ字를 用ᄒᆞᆷ이라

一 씀ᄒᆞᆫ만 單物格 別義 없이 單純ᄒᆞ게 씀이 곳 名字가 別關係 없이 씀이 되는 것 곳 ᄂᆞᆫ 職權이 有ᄒᆞᆷ을 表ᄒᆞ는 것 (본) 를 을 되는 職權만 表ᄒᆞ는 것

(풀이) 저 사람이 조히를 접으오 이 말에 를이 씀ᄒᆞᆫ만이니 임이 사람의 動作 접을 受ᄒᆞ는 者가 조히라 ᄒᆞᆷ을 表ᄒᆞ는 것이니 곳 動作 접의 節制를 受ᄒᆞ는 者가 조히가 됨을 表ᄒᆞ는 것이라 접는 動作은 조히에 제됨으로 조히는 씀이 곳 受動者요 動作 접에 아모 關係ᄒᆞᆷ이 없이 物者 곳 (動作을 받는) 受動者 될 뿐인 임으로 ᄒᆞᆫ字를 用ᄒᆞᆷ이니 此義를 示ᄒᆞᆷ이라

사람이 말을 타오 이 말에 을이 씀ᄒᆞᆫ만이라

(알이) 우리 나라 말에 씀ᄒᆞᆫ만 짓기는 를과 을 뿐이요 其義는 一般인데 를은 웃듬소리 알에 쓰는 것이요 을은 붙음소리 알에 쓰는 것이라

씀홋만이라ᄒᆞᄂᆞᆫ 홋기의 쓰ᄂᆞᆫ 뜻 假令 사람이 조히ᄂᆞᆫ 접으오 ᄒᆞ면 이 ᄂᆞᆫ 字도 씀이 빗이로 되이ᄂᆞᆫ 表ᄒᆞᆯ 뜻 ᄒᆞᆫ 바의 다른 것은 접지 못ᄒᆞᆫ다 ᄒᆞᆷ인데 를을 씀은 이러ᄒᆞᆫ 關係가 없이 씀이 됨만 表ᄒᆞᆷ이라 이러ᄒᆞᆷ으로 此를 辨別ᄒᆞ기 爲ᄒᆞ여 홋字를 用ᄒᆞᆷ이라

一 덩이몸임만 衆合主格

衆體가 숨ᄒᆞ여 한 團體로 임이 됨을 表ᄒᆞ는 것 (본)에서

(를이) 우리나라에서 이기엿소 이 말에 나라는 衆人이 숨ᄒᆞ여 한 團體된 바로 그 動作 이기의 임이가 됨인데 에서는 此와 如ᄒᆞᆫ 衆

一 한만 (각지) 同格

合 임이 됨을 表ᄒᆞ는 것

이 임의 남이가 어느 임이의 남이와 相同ᄒᆞᆫ 것과 이 씀이가 그 임이의 節制를 受ᄒᆞᆷ이 어느 씀이가 그 임이의 節制를 受ᄒᆞᆷ과 相同ᄒᆞᆷ을 表ᄒᆞ는 것 (본)도

(를이) 나도 가오 이 말에 도가 한(각지)만이니 나의 動作 가가 어느 임이의 動作 가와 相同ᄒᆞᆫ 者가 된다 ᄒᆞᆷ을 表ᄒᆞ는 것이니 此는 임 한(만)이의 動作만이라 (한만은 곳 ᄀᆞᆺ지관)

별도 놀더라 이 말에 도가 임 한만이라

후도 후르오 이 말에 도가 한만이니 를의 形容 후르가 相對ᄒᆞ여 뜻ᄒᆞᆫ 것 物의 形容 후로와 相同ᄒᆞᆫ 임이 된다 ᄒᆞᆷ을 表ᄒᆞ는 것이니 임 한만이라

아기가 밥도 먹으오 이 말에 도가 한만에 니 씀이 밥이 임이 아기의 動作 먹의 節制를 受ᄒᆞᆷ이 此와 相對ᄒᆞ여 뜻ᄒᆞᆫ 것 物이 動作 먹의 節制를 受ᄒᆞᆷ과 相同ᄒᆞᆫ 씀이가 된다 ᄒᆞᆷ을 表ᄒᆞ는 것이니 此는 씀 한만이라

이것도 나무요 이 말에 도가 임 한만이라

一 다름만 不同格

이 임이의 남이가 어느 임이의 남이와 다른 것과 이 씀이가 그 임이의 節制를 受ᄒᆞᆷ이 어느 씀이가 그 임이의 節制를 受ᄒᆞᆷ과 다른 것 (본)은 는

(를이) 나는 가오 이 말에는 이 다름만이니 나의 動作 가가 其의 動作과 不同ᄒᆞᆫ 者가 된다 ᄒᆞᆷ을 表ᄒᆞ는 것이니 나의 動作 가는 其가 動作ᄒᆞ지 안이ᄒᆞᆷ의 相反됨이 有ᄒᆞᆫ 者라 ᄒᆞᆷ을 表ᄒᆞ는 것인데 此는 임 다른 만이라

아기가 젓은 먹으오 이 말에 은이 다름만이니 젓이 動作 먹의 節制를 受ᄒᆞᆷ이 此 物이 動作 먹의 節制를 受ᄒᆞ지 안이ᄒᆞᆷ과 反對됨이 有ᄒᆞᆫ 者라 ᄒᆞᆷ을 表ᄒᆞ는 것인데 此는 씀 다름만이라

를은 후르오 이 말에 은이 다름만이니 를의 形容 후르가 其의 形容과 다르다 ᄒᆞᆷ을 表ᄒᆞ는 것이니 를의 形容 후르는 뜻ᄒᆞᆫ 其 物의 形容과 다르다 ᄒᆞᆷ을 表ᄒᆞ는 것인데 此는 임 다른만이라

一 다름한만 差同格

此 임이나 씀이가 한 남이에 처ᄒᆞᆫ 權限이 他 其의 그 남이에 對ᄒᆞᆫ 權限보다 較優ᄒᆞ거나 較劣ᄒᆞᆫ 分量 곳 不同ᄒᆞᆫ 事實이 有ᄒᆞ다가 終에 結果는 相同ᄒᆞᆷ에 歸ᄒᆞ는 것 (본) 라도 이라도 ᄂᆞᆫ들 인들

(풀이)쟝슌들메야뽑게ᄒᆞ나 이말에ㄴ들이다른한만이니 쟝슈가 動作뽑에 對ᄒᆞᆫ 權力이 尋常權力者가 動作뽑에 對ᄒᆞᆫ 權力보다 較優ᄒᆞᆷ이 有ᄒᆞ나 메를 뽑지 못ᄒᆞ기는 一般이라 그러ᄒᆞᆷ으로 그 結果는 相同ᄒᆞᆷ에 歸ᄒᆞᆷ이니 ㄴ들은 此를 表ᄒᆞᆷ이라

아긴들젓이야먹지 이말에 ㄴ들이 다른한만이라

스승이라도모르오 이말에 이라도가 다른한만이니 스승이 動作모름에 對ᄒᆞ여 룰어널 學力이 尋常人보다 較優ᄒᆞ나 모르기에 至ᄒᆞ여는 一般이라 이러ᄒᆞᆷ으로 此 結果는 相同ᄒᆞᆷ에 歸ᄒᆞᆷ이라

一 안가림만 不擇格 한남이에 對ᄒᆞ여 임이나 씀이가 첨이 많은에서 彼此를 지ᄌᆞᆨᄒᆞ는것 (본) 든지 이든지 나 이나

(풀이)소든지말이든지다풀을먹는다 소나말이나다풀을먹는다 이두말에 든지 이든지와 나 이나가 다 안가림만이니 소와 말이 그 남이 먹에 對ᄒᆞ여 임이 됨이 一般이오 彼此의 別이 無ᄒᆞᆷ을 表ᄒᆞᆷ이니 此는 안가림 임만이라

누구든지밥을먹어라 이말에 든지가 안가림만이니 彼此를 가리지 안이ᄒᆞ고 다 그 남이 먹에 임 됨을 得ᄒᆞᆷ을 表ᄒᆞᆷ이라

개는밥이든지고기든지다먹소 개는밥이나고기나다먹소 이두말에 이든지 든지와 이나 나와가 다 안가림만이니 밥과 고기가 임이 개의 남이 먹의 勢制를 受ᄒᆞᆷ이 彼此의 別이 無ᄒᆞᆷ을 表ᄒᆞᆷ이니 此는 안가림 씀만이라

그학싱이아모어든이든지공졍ᄒᆞ오 이말에 이든지가 안가림 씀만이라

(잡이) 목엇이나 누구나 아모와 如ᄒᆞᆫ 임이의 下에는 든지 나 이든지가 함께만 쓰이어짐

一 낫가지만 單取格 한남이에 임이나 씀이가 될만ᄒᆞᆫ 衆者中에 其一만 되는것 (본) 나 이나

(풀이)내나가겟다 이말에 내가 남이 가에 임이 될 바가 여럿 가온데서 내가 임이 됨이오 單有ᄒᆞ다 ᄒᆞᆷ이니 此는 낫가지 임만이라

나는밤이나먹겟다 이말에 이나가 낫가지만이니 밤이 남이 먹에 씀이 됨이 여러 食物中에 單有ᄒᆞ다 ᄒᆞᆷ을 表ᄒᆞᆷ인데 此는 낫가지 씀만이라

一 특별ᄒᆞᆫ만 特有格 한남이에 此와 彼는 다 임이나 씀이 되기 不能ᄒᆞ되 其一은 特別히 能ᄒᆞᆫ것 (본) 야 이야

(풀이)그사람이야알지 이말에 이야가 특별ᄒᆞᆫ만이니 그 남이 알에 임이 됨에 (다른사람은 될수없는) 특별ᄒᆞᆷ을 表ᄒᆞ는것인데 此는 특별ᄒᆞᆫ 임만이라

아모갈이라도조히야들지 이말에 야가 특별ᄒᆞᆫ만이니 조히가 남이 들에 씀이 됨이 특별ᄒᆞᆷ을 表ᄒᆞ는것인데 此는 특별 씀만이라

一 홀로만 獨有格 他는 다 無ᄒᆞᆫ 남이를 此 임이나 씀이는 홀로 有ᄒᆞᆫ것 (본) 만

(풀이)나만가오 이말에 만이 홀로만이니 他는 이 남이가 다 無ᄒᆞ되 나는 홀로 有ᄒᆞᆷ을 表ᄒᆞᆷ인데 此는 홀로 임만이라

나는밤만먹으오 이말에 만이 홀로만이니 밤이 그 남이 먹에 씀이 됨이 홀로 有ᄒᆞᆷ을 表ᄒᆞᆷ인데 此는 홀로 씀만이라

一부르는만 呼格 부르는을 被호엽이 (본)이야여이여

(풀이)돌아가늘을읽어라 이말에아가부르는만이니보의呼훈을 被호여그남이읽어잇이되는것

쇠네야나의말을들어라 이말에야가부르는만이니보의呼훈을 被호여그남이들에잇이가되는것

사랑호시는부모여만년을살으소서 子이말에여가부르는만이니부모가呼훈을被호여그남이살에잇이가되는것

밝은신하날이여굽어살피소서 이말에여가부르는만이니하날어與의呼훈을被호여그남이살되에잇이가되는것

一낫한만 各同格 한남이에임이나쏨이됨이各同흔것 (본)마다

(풀이)사람마다숨을쉬오 이말에마다가낫한만이니아모사람이든지 숨을쉬기에各同훈입이가되는것

一곧이나자리 位置 남이되자리 곳을주임의자리를가르치는것

一지리 處所 남이가곳에서됨을가르치는것 (본)에로,에서,까지,쯤

(풀이)나물이들에잇다 이말에에가곳지리곰이니움주임잇의되는자리가들에잇음을보이는것

내가의쥬로가오 이말에로가자리곰이니움주임가의되는方向이주쌔에잇음을보이는것

샘이땅에서나오 이말에에서가자리곰이니움주임나의되는자리가땅에잇음을보이는것

내가평양까지가겟다 이말에까지가자리곰이니움주임가의되는자리가평양에잇음을보이는것

그사람이지금구리개쯤가겟다 이말에쯤이자리곰이니움주임가의되는자리가구리개에갓갑게잇음을보이는것

一몬 物體 움주임이몬에서됨을가르치는것 (본)에서

(풀이)먹이벼루에잇다 이말에에가몬곰이니움주임잇의되는자리가벼루에잇음을보이는것

향괴가곳에서나오 이말에에서가몬곰이니움주임나의되는자리가곳에잇음을보이는것

一때 時間 남이가때에서됨을가르치는것 (본)에로,으로,에서,까지,쯤

(풀이)꼿이아츰에새롭다 이말에에가때곰이니새롭의되는자리가아츰에잇음을보이는것

이슬이아츰에오오 이말에에가때곰이니움주임오의되는자리가아츰에잇음을보이는것

꼿이아츰에새롭다 남이때에가때곰이언더흔새롭의나타나는것

리치는예로여까지한가지오 이말에로와까지가때곰이니리치가엇더훈것이라흐는한가지의때를보이는것

그사람이저녁때쯤오겟다 이말에쯤이때곰이니움주임오의됨이假量흐는때저녁에잇음을보이는것

내가아홉시서열시까지노래를배호오 이말에서와까지가때금이니움즉임배호의됨이아홉시로열시까지에잇움을보이는것

(잡이)로와서와에서는한가지로쓰이는것이라 때금이는움과엇과임으로된남이에다금이노릇홈이잇움

一 혬금 數量 움즉임이數量에됨을가르치는것 (본)에로으로에서

(풀이)한아에둘을더ᄒᆞ오 이말에에가혬금이니움즉임더ᄒᆞ의됨이혬한아에잇음을보이는것

내가둘로여섯을난호겟다 이말에로가혬금이니움즉임난호의됨이혬여섯에잇음을보이는것

내가모시한끗으로두루막이를만들엇소 이말에으로가혬금이니움즉임만들의됨이혬한끗을씀에잇움을보이는것

내가실네꾸리로한끗을짜앗다 이말에로가혬금이라

일곱에서셋을덜어라 이말에에서가혬금이라

너는셋으로하홉을난호아라 이말에으로가혬금이라

(잡이)로나으로는움즉임이어느혬을부리어됨을가르치어내는것이라

一 부림금 使用 움즉임이어느몬을부리어됨을가르치어내는것 꼬有無貨의임기가그임이에움즉임에부리어짐이됨을가르치어내는것 (본)로,으로

(풀이)내가광이로땅을파오 이말에로가부림금이니움즉임파가광이를부리어됨을보이는것

내가붓으로글시를쓰오 이말에으로가부림금이니움즉임쓰가붓을부리어됨을보이는것

一 움몬금 動物 움즉임이움즉이는몬에됨을가르치어내는것 (본)에서,게,에게,에게서,더려

(풀이)우리의몸이어버이에게서나앗다 이말에에게서가움몬금이니움즉임나가어버이를말미암아됨을보이는것

네가소의젓을아기에게주어라 이말에에게가움몬금이니움즉임주의됨이아기에잇음을보이는것

네가그사람더려오라고ᄒᆞ여라 이말에더려가움몬금이니움즉임말ᄒᆞ가그사람에게됨을보이는것

잘배호고못배홈이스승에게잇소 이말에에게가움몬이니움즉임잇의됨이스승에게잇음을보이는것

(알이)게는에게의예로줄인것이요더려는에게와한가지로쓰이는것

에게서는에서와한가지요에게는에와한가지나제가더홈은특별히움몬을다르게ᄒᆞ는것이라

一 일 音無質 움즉임이 일읽기에서 됨을 가르치어 내는 것(본)에, 에서

(풀이) 큰일이 큰뜻에서 나오 이 말에 에서가 일 금이니 됨이 일읽기뜻에 잇음을 보이는 것 움즉임 나의

일의 일 움이 뜻에 잇소 이 말에 에가 일 금이니 움즉임 잇의 됨이 일 읽기 뜻에 잇음을 보이는 것

一 낫 한 音 各個 다 움즉임의 됨이 일마다 에 잇음을 가르치어 내는 것(본) 마다

(풀이) 봄에는 꼿이 곳마다 되오 이 말에 마다가 낫한 금이니 움즉임 되의 됨이 꼿곳에 잇음을 보이는 것

꼿이 봄마다 되오 이 말에 마다가 낫한 금이니 움즉임 되의 됨에 봄봄에 잇음을 보이는 것

一 까닭 音 緣由 낫이의 까닭을 가르치어 내는 것(본) 에로, 으로

(풀이) 봄이 된 까닭에 꼿이 되오 이 말에 에가 까닭 금이니 까닭 읽기 까닭에 더욱 움즉임 되의 되는 까닭을 보이는 것

봄이 됨 우로 꼿이 되오 이 말에 으로가 까닭 금이라

봄 된 모로 꼿이 되오 이 말에 로가 까닭 금이니 고는 漢文 故의 흡한 故로 읽기로 쓰는 것이라

(잡이) 까닭 금은 엇기로 된 남이의 금이 됨도 잇스느니라

一 함께 音 同伴 이 읽이 가어는 읽이와 더불어 한지가 움즉임이 잇음을 가르치어 내는 것

(풀이) 내가 너와 가겟다 이 말에 와가 함께 금이니 내의 움즉임 가가 너와 한가지 됨을 보이는 것

一 다른 한 音 差別 그 남이에 금이 될 權限이 有하다가 終에는 結果가 相同함에 歸하는 것(例) 엔들

(풀이) 그러한 제 큰 고기야 가람엔들 잇겟느냐 이 말에 엔들이 다른 한 금이니 가람이 그 남이 잇의 금이 될 만

한줄로 알다가 終에는 그러한 고기가 無하기는 내와 相同함에 歸하는 것

(잡이) 짓기만 가지고 금이 꼿 억기로 를 지 못할 것이오 그 우에 임기까지 아우르어야 금이 꼿 억기로 풀어지느니 이 뜻이 듬 잘 그림에 보이엇느니라

잡이 짓승을 簡略하게 分別한 따면 말에 처럼 여러 승난의 뜻을 딸아다 이 몇가지에 돌아가는 대로 볼일지니라

짓숭의 간략한 난틀 한갈래

一 만이

一 임이만

一 씀이만

一금이
一몬금
一일금
잇音의반音間接의類갈래
一團結 團結되게ᄒᆞ기만爲ᄒᆞ여間置ᄒᆞᄂᆞᆫ것 (본)와、과、고
(풀이)벼루와먹이잇소 붓과먹이잇소 입고먹기가어렵소 그말은히고
그오 네말의히고금이내말과비슷ᄒᆞ다 이말들의고가團結이니先後와別關係가없이團結되게ᄒᆞ
기만爲ᄒᆞ여間置ᄒᆞᄂᆞᆫ것
一連行 二數以上의動作을次第로行ᄒᆞᄂᆞᆫ것
一一件 先後動作이다一事가되ᄂᆞᆫ것 (본)아、어、아서、어서、
(풀이)고기를썰어먹소 이말에어가一件連行이니先動썰의일은後動먹을의ᄒᆞ기爲ᄒᆞ여ᄒᆞᄂᆞᆫ것이니썰의일은먹ᄂᆞᆫ일에屬ᄒᆞ여
한가지일이되ᄂᆞᆫ것
(잡이)썰어먹을一團의남이로풀기도ᄒᆞ고 아、어、아서、어서가엇기알에금이곳억기로풀기도ᄒᆞᆯ것이라 씻어질때에ᄂᆞᆫ곰이곳억기
로풀것이라
一各件 先後動이아모相係되ᄂᆞᆫ바가없이다른가지의일로그先後의次序만잇ᄂᆞᆫ것 (본)고
(풀이)글을읽고밥을먹겟다 이말에고가各件連行이니先動읽은後動가를ᄒᆞ기爲ᄒᆞ여動ᄒᆞᆷ이안이요다만읽은後에
야먹겟음으로읽은先動이되고먹은後動됨을고가잇을따름이라
一中止 한動作을行ᄒᆞ다가中途에止ᄒᆞ고다른動作을行ᄒᆞᄂᆞᆫ것 (본)다가
(풀이)글을읽다가자오 이말에다가가中止니그읽ᄂᆞᆫ일을다畢ᄒᆞ지못ᄒᆞ고다른動作자를行ᄒᆞᄂᆞᆫ것
一兼行 두動作을한겁에行ᄒᆞᄂᆞᆫ것 (본)면서、으면서
(풀이)가면서노래ᄒᆞ오 이말에면서가兼行이니그動作가와노래ᄒᆞ를一時에行ᄒᆞᄂᆞᆫ것
一再釋 一次말ᄒᆞ고그未詳ᄒᆞᆫ을다시풀어말ᄒᆞᄂᆞᆫ것 (본)ㄴ데、ᄂᆞᆫ데、인데、은데、니、으니、이니
(풀이)한새가저나무에잇ᄂᆞᆫ데빗은누르고노래ᄂᆞᆫ아름답소 이말에ᄂᆞᆫ데가再釋이니새가잇다
고한번말ᄒᆞᆫ것을그빗의누름과그노래의아름답음을다시말ᄒᆞᆫ것

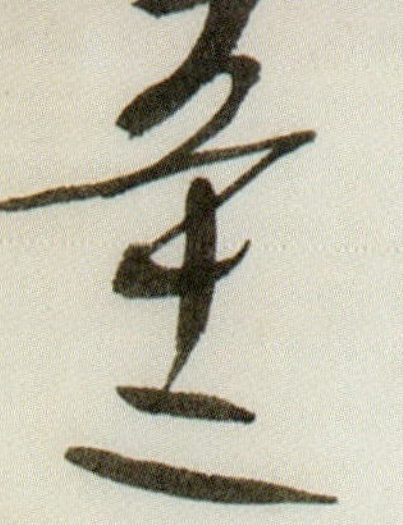

해가돋으니사람이일어나고새가잭잭ᄒᆞ오 해가돋음을한번말ᄒᆞ고해가돋음에엇더ᄒᆞ다고ᄒᆞ는 사람이일어남과새가잭〻ᄒᆞᆷ을말ᄒᆞ는것이라그러ᄒᆞ나이는까닭잇기로풀기도ᄒᆞ고ᄯᅢ잇기로풀기도ᄒᆞᆯ것이라

(잡이)그러ᄒᆞᆫ데와같은말은한말을다맞히고다시잇는것이니이러ᄒᆞᆫ것 도再釋인데곰이곳억기몸으로풀기도ᄒᆞᆯ것이라

一縁由 한말이한말에까닭으로잇어지는것 (본)니으니,매으매,아어,아서어서

(풀이)봄이되니꼿이피오 이말에니가縁由니上節봄이되가下節꼿이피의縁由를말ᄒᆞ노라고잇어지는것

바람이불매배가가오 이말에매가縁由라

(갑이)그대문에와,그대문으로와,그까닭에와,그까닭으로와,그러ᄒᆞ여와,그러ᄒᆞ여서와,그러ᄒᆞᆷ으로와,그러ᄒᆞᆫ고로와,같은말들은,한말을,다맞히고,다시잇는것이니,이러ᄒᆞᆫ것들도縁由잇기나,엇기로,풀기도,ᄒᆞᆯ것이라

一反順 한말이다른일에反順이되는것 (본)나,되,아도,어도,라도,이라도,거늘,어늘,이어늘,고도

(풀이)그글을배호나그뜻을모르겟소 이말에나가反順이니배호면알는것이順ᄒᆞᆫ일ᄒᆞᆫ일이어늘배호고도모르니順에反ᄒᆞᆫ일이라

(잡이)마는과,그러ᄒᆞ나와,그러ᄒᆞ되와,그러ᄒᆞᆯ지라도와,같은말들은,한말을,다,맞히고,다른,말을,다시,잇는것이니,이러ᄒᆞᆫ것들도,反順,잇기나,억기로,풀기도,ᄒᆞᆯ것이라

一意外 이일에는나지안이ᄒᆞᆯ만ᄒᆞᆫ다른일이나는것 (본)ㄴ데,는데,인데,은데

(풀이)저사람이옳은데위나몰ᄒᆞ오 이말에는데가意外니그사람이옳으매나몰홈은意外의일이되는것

그사람이글을배호는데위부르오 이말에는데가意外라

날이찬데그사람이솜옷을안이입엇더라 이말에는데가意外라

날이맑은데비가오나 이말에는데가意外라

이것이나분데불에안타오 이말에는ㄴ데가意外라

이것이깊은물인데큰고기를못보겟다 이말에는인데가意外라

一假想 저ᄶᅦ일이이러ᄒᆞ게되면이일이엇더ᄒᆞ게되리라고맘으로假想ᄒᆞ는것 (본)면,으면,이면,거든,어든,이거든,

이어든

(풀이)비가오면못가겟다 이말에면이假想이니비가오는假想ᄒᆞ는일인데上節이이러ᄒᆞᆫ假想의일로下節에잇서지게ᄒᆞ는것이면이라

그것이나무면불에타겟다 이말에면이假想이라

그것이얼음이면녹겟다 이말에이면이假想이라

(알이)거든과어든은면과ᄒᆞᆫ가지라

一 單有 여러일中에그結果를成ᄒᆞᆯ것은ᄒᆞᆫ가지에만잇는것 (본)아야、어야

(풀이)보아야알겟다 이말에아야가單有니알게ᄒᆞᆯ일이여럿이나다되지못ᄒᆞ고보는일로만알게되는것

(알이)이를、單有假想이라ᄒᆞ든지、單想이라ᄒᆞᆯ만ᄒᆞᆫ것이라

一 爲行 此先動을行ᄒᆞᆷ은某後動을行ᄒᆞ기爲ᄒᆞ여ᄒᆞ는것 (본)러

(풀이)글을배호러가오 이말에러가爲行이니先動가는後動배호를ᄒᆞ기爲ᄒᆞ야ᄒᆞ는것

언결의난틀 形名의類分

一 指目 擇定ᄒᆞ여가르치어내는것 (본)이、저、그

(풀이)저나무가푸르오 이말에저가指目이라

(알이)이、저、그를는原形名이니다른기가變ᄒᆞ여形名體가된것이안이요其體가原來形名이라

一 物品 各種物品質의如何 (본)좋은、귀ᄒᆞᆫ、쳔ᄒᆞᆫ、무른、무겁은、무드럽은、연ᄒᆞᆫ、질겁은

(풀이)내가좋은붓을사앗다 이말에좋은이物品이니物붓의品을말ᄒᆞ는것

一 物貌 各種物狀態의如何 (본)큰、힌、적은、졍ᄒᆞᆫ、

(풀이)나는큰말을사오 이말에큰이物貌라

一 行品 諸般行爲의固有ᄒᆞᆫ品性의如何 (본)착ᄒᆞᆫ、악ᄒᆞᆫ、강ᄒᆞᆫ

(풀이)착ᄒᆞᆫ사람은착ᄒᆞᆫ일을사랑ᄒᆞ오 이말에착ᄒᆞᆫ이行品이라

一 行貌 諸般行爲의現著ᄒᆞᆫ品性의如何 (본)급ᄒᆞᆫ、분ᄒᆞᆫ、답답ᄒᆞᆫ

(풀이)나는답답ᄒᆞᆫ맘을이기지못ᄒᆞ오 이말에답답ᄒᆞᆫ이行貌라

一時間 時間如何의 (본) 이른, 늦은, 오란

(풀이) 나는 이른 아츰에 일어나앗소 이말에 이른이 時間이라

一數量 數量如何의 (본) 한, 두, 세, 네, 일곱, 많은, 적은, 혼호

(풀이) 두 새가 날아 가오 이말에 두가 數量이라

一設比 彼를 此로 代호여 類홈을 比호는 것 (본) 이러훈, 그러훈, 저러훈

(풀이) 이러훈 붓을 사오 이말에 이러훈이 設比라

一不知 現出훈지 안이훈 것 (본) 엇더훈

(풀이) 엇더훈 붓이 질기오 이말에 엇더훈이 不知라

一動作 움기로 언기가 된 것 (본) 간, 먹은, 가는, 먹는, 갈, 먹을, 가던, 먹던, 씰, 엇던, 가앗던

(풀이) 걸로 가는 저 사람이 누구요 이말에 가는이 動作이라

(잡이) 움기로 되는 언기는 매가 잇느니라

一名목 임기가 언기가 되는 것 (본) 돌집 이말에 돌이 名목언이니 돌은 임기나 그 집은 무엇으로 지은 집이라고 호는 것이 돌인고로 돌은 집에 언기로 쓰이어진 것이라

(잡이) 임기가, 上下로, 位를, 連호는 것은, 우에, 임기가, 알에, 임이의, 언기가, 되느니,

~~이를, 훈에, 領屬体라, 호느니라~~

우에, 임기에, 의를, 더호는 것은, 언기, 되게, 호는 것이라

억의 갈래

一엇덥 움과, 엇의, 樣態 곳 움파, 엇의, 엇더함을, 말하는 것 (본) 잘, 천ㄷ이, 빠르게, 가만이, 모질게, 착호게, 순호게, 옳게, 길게, 크게, 적게, 굵게, 뛰어, 날아, 돌아, 십어.

(풀이) 저말이 빠르게 가오 이말에 빠르게가 엇덥이니 움즉임가의 됨이 엇더훔을 호는 것이라

一자리 處所 움즉이는 자리 (본) 이리, 저리, 그리, 걸로, 들에, 들로, 들에서, 들에는, 들에도, 들에야, 들에만, 들에든지, 들엔들, 들에라도, 들이리도, 들에나, 아, 곳곳이,

(풀이) 그 사람이 저리 가오 이말에 저리가 자리억이니 움즉임가의 向호는 곳을 보이는 것이라

그사람이길로가오 이말에길로자리억이나움즉임가의되는곳을보이는것이라

一때 時間 남이의때(본)곳늘잇다금일즉이벌서빠르게오래늣게길이이제악가아
춈에밤에어적게때ㄷ로날ㄷ이달ㄷ이이내

(풀이)그사람이늘글을읽소 이말에늘이때억이나움즉임읽의때를말ᄒᆞ는것이라

(알이)이제와같은기가억몸으로쓰이어지는것은다에를빼어줄인것이라

一혬 數量或度數 이나길 남이의數量이나度數를말ᄒᆞ는것(본)다거진겨우매우좀혼이넉ㄷ이
가득이많이크게적게넘어첫재
온전이둘에둘에서둘에는둘에
야둘에도둘엔들둘에나둘에만

(풀이)그사람이거진가앗다 이말에거진이길억이나움즉임가의程度를보이는것이라

一막이 拒絶 막은拒絶의뜻이러그남이를막는것이나꼿그남이를許諾ᄒᆞ지안이ᄒᆞ는것이요또그남이가그러ᄒᆞ지안이ᄒᆞ다ᄒᆞ는것이라
(본)안이못다만그러ᄒᆞ나마는특별이

(풀이)내가밥을안이먹겟다 이말에안이막이억이나그남이먹의일을막는것이라

一그럼 然許諾 그럼은認定의뜻과같이씀이나그남이를許諾ᄒᆞ는것(본)참글세과연

(풀이)글을배호기가참어렵소 이말에참이그럼억이나엇더ᄒᆞ는남이어렵을許諾ᄒᆞ는것이라

一아마 疑心 假想 아마는疑心의뜻과같이씀이나그남이를疑許ᄒᆞ는것(본)아마글세혹가령

(풀이)아마비가오겟다 이말에아마가아마억이나그남이오를質定ᄒᆞ지못ᄒᆞ는것

(알이)이아마라ᄒᆞ는것은혼이假想ᄒᆞ는것이라

一모름 不知 그남이의모르는바가잇는것(본)왜엇더ᄒᆞ게어데

(풀이)네가글을엇더ᄒᆞ게배호앗나 이말에엇더ᄒᆞ게가모름억이나그남이배호가엇더ᄒᆞᆫ지알지못홈을보이는것이라

一견줌 疑比 그남이의엇더홈을그와같은것으로견주어말ᄒᆞ는것(본)이러ᄒᆞ게저러ᄒᆞ게이같이이만ᄒᆞ
게이처럼

(풀이)너는이러ᄒᆞ게서어라 이말에이러ᄒᆞ게가견줌억이나그남이서를엇더ᄒᆞ게섬과같이ᄒᆞ라ᄒᆞ는것

一몬 物體 몬임기에것기가더ᄒᆞ여억기로쓰이는것(본)나무에돌에소에소에게붓에붓에서붓에

는 붓에야, 붓에만, 붓에든지, 붓엔들, 붓으로,

붓마다, 나와

(풀이) 붓에 먹을 찍어라 이말에, 붓에가, 몬억이니, 그남이, 찍이, 몬, 붓에 됨을 말ᄒᆞ는 것이라

붓으로 그림을 그리어라 이말에 붓으로가, 몬억이니, 그남이, 그리어가, 몬, 붓을 부려 어됨을 말ᄒᆞ는 것이라

붓마다 먹을 찍어라 이말에 붓마다가, 몬억이니, 그남이, 찍이, 몬, 붓과 붓에 됨을 말ᄒᆞ는 것이라

내가 너와 가것다 이말에 너와가, 몬억이니, 그남이, 가가, 몬, 너로 더불어 함께 됨을 말ᄒᆞ는 것이라

一 일 事 표 無質 일앎기에, 겻기가 더ᄒᆞᆫ 여억기로 쓰이는 것(몬) 뜻에, 일에 큼에 어ᄎᆞᆷ에, 적음에, 엇더홈에, 일에서, 일에는, 일에야, 일에만, 일에든지, 일엔들, 일로, 일마다, 일과

(풀이) 그사람의 맘이 늘 일에 잇소 이말에 일에가, 일억이니, 그남이, 잇이, 일, 일에 됨을 말ᄒᆞ는 것이라

(잡이) 씹기에 겻기가 더ᄒᆞ여 억기로 쓰이는 (겹몬) 그 갈래들을 몬, 일 두가지로만 난ᄒᆞ앗스나 곱게 난호랴면 겻기의 난틀과 견주어 풀면 알기 어렵지 안ㅅ히 ᄒᆞ리라

(잡이) 억기의 갈래를 簡畧ᄒᆞ게 ᄒᆞ라면, 일몬 두가지로 난홀수 잇나니라

(잡이) 억기에 序分表가 잇으니, 보시게들 이어라 ᄒᆞᆫ는 말에, 보시게가 억기요, 그 시는 높이는 尊稱의 表로 둠이니, 이시와 같은 것들이라

꿋 終結의 씨를 完全의 類分 갈래

一 이름 陳述 이르는 말로 終結ᄒᆞ는 것(몬) 꿋맺 단다, 는다, 앗다, 엇다, 겟다, 리라, 으리라, 엇으리라, 앗으리랑, 앗겟다, 엇겟다, 요, 이요, 오, 으오, 소, 앗소, 엇소, 겟소, 엇겟소, 앗겟소, 엇겟소요, 이다, 오이다, 옵ᄂᆞ이다, 옵나이다, 이옵나이다, 으옵나이다, 습나이다, 더라, 이더라, 더이다, 이더이다, 옵더이다, 옵더이다, 으옵더이다, 습더이다, 시옵더이다, 앗옵더이다, 시더라, 지, 이지, 지요, 이지요, 옵지요, 옵지요, 십지요

(풀이) 우리나라가 곱다 이말에 다가, 이름 꿋이니, 이르는 말로 終結ᄒᆞ는 것이라 꿋맺

一 물음(問) 묻는말로 끗맺는것 (본) 냐 으냐 이냐 뇨 이뇨 으뇨 나 냐 앗나 냐 겟나 냐 나 뇨
랴 으랴 ㄴ가 인가 은가 야 이야 지 이지 요 이요 오 오
소 앗소 엇소 겟소 앗겟소 엇겟소 지요 이지요 시
오 으시오 요 이가 오이가 옵나이가 옵나이가 이옵
나이가 옵나이가 으옵나이가 습나이가
더이가 이더이가 옵더이가 옵더이가 습더이가
더이가 으옵더이가 시옵더이가 앗옵더이가 더냐
이더냐 더뇨 시더뇨 이더뇨 시더냐 시더뇨 옵지요
습지요

(풀이) 네가무엇을배호나냐 이말에 나냐가 물음끗이니 묻는말로 끗맺는것

一 시김(命) 시기는말로 끗맺는것 (본) 아라 어라 오 으오 시오 옵소서 소서 옵소서 시옵소
서 오 시옵소서 시옵시오 십시오 으시오

(풀이) 글을읽어라 이말에 어라가 시김끗이니 시기는말로 끗맺는것

一 홀로(自) 홀로 하는말로 끗맺는것 (본) 다 이다 ㄴ다 는다 앗다 리다 겟다 으리라 앗겟다
엇겟다 앗으리라 엇으리라 로다 이로다 리로다
으리로다 고나 이고나 는고나 앗고나 엇고나 나
겟고나 리로고나 이로고나 도다 이도다 는도다
앗도다 엇도다 겟도다 지 이지 앗지 엇지 겟지 앗
겟지 냐 야 나 냐 ㄴ가 인가 뇨 이뇨 으뇨 랴 으랴

(풀이) 우리나라가곱고나 이말에 고나가 홀로끗이니 홀로하는말로 끗맺는것
(잡이) 홀로하는 말에는 스스로 이르는 끗과 스스로 묻는 끗이 잇나니라

一 수임 (第二) 기의 性類 天賦의 性으로 類가 잇는것
一 암 陽性 雄性이 잇는것 (본) 아비 오랍이
一 陰性 雌性이 잇는것 (본) 어미 누의

一 普通性 (陰陽性을 分別치 안이ᄒ고 通稱ᄒ는) (본) 사람, 즘승, 소, 말, 새, 고기
벗, 곳, 陰性에도 쓰고 陽性에도 쓰는 것

一 無別性 (感覺이 없는 몬과 體質이 없는 얼로 된 임기의 性) (본) 나무, 풀, 돌, 물, 흙, 불, 빛, 뜻, 얼, 이제, 아츰, 봄

(잡이) 代名임은 ...의 性을 따라 그 類를 ... 지니라

(잡이) 우리 나라 말에 임기의 性類를 分함은 感覺性이 有ᄒ 物 곳 動物만 陰陽性을 分別ᄒ는데 사람만 特別히 陰陽性 分別ᄒ여 그 稱呼를 各制ᄒ고 其餘 動物은 通用性의 으로 稱ᄒ며 陰陽性을 分別ᄒ여야 할 境遇에는 陰은 암이라 陽은 수라 ᄒ으로 稱ᄒ여 別ᄒᄂ니 例로 수소 암소 ᄒ과 如히 ᄒ며 草木等物은 陰陽性은 別稱이 흔ᄒ지 안이ᄒ나 이도 分別할 때에는 암수를 用ᄒᄂ니 암은 힘나무 수은 힘나무라 암들메나무 수들메나무라 ᄒ이요 얼 임기는 陰陽性이 無ᄒ으로 陰陽은 別稱ᄒ시 無ᄒ니라

(잡이) 가심은 임기니 시는 尊稱으로 더ᄒ이라 이러ᄒ으로 尊稱의 性이 있는

五八

임기니라

(뭇2) 겻기의 쓰이는 곳

一 기결의 알에 (이어 기결 알에 쓰이는지 말ᄒ는 것)

一 임기 알에 (모든 임기는 씨겻기 만 쓰임) (본) 소가 벼르를 뫼르에 빗에 봄에

一 소리 알에 (웃듬소리와 붙음소리의 다름을 가르는 것)

一 웃듬소리 알에 (본) 가, 를, 로, 는

一 붙음소리 알에 (본) 이, 을, 으로, 은

一 웃듬소리든지 붙음소리 알에 (본) 도, 에

(뭇3) 잇기의 마듸 (잇기로 잇는 마듸를 가르는 것)

一 기잇 (기와 기를 잇는 것) (본) 소와 말 (임기 말을 잇은 것) 길고 크다 (엇기와 엇기를 잇은 것) 가며 노래ᄒ오며 (움기와 움기를 잇은 것)

一 모잇 (모와 모를 잇는 것) (본) 흰 조희와 검은 먹 (검은 먹을 잇은 것)

一드잇 드와。드들。잇는것

一못맞은드잇(본) 바람은가볍고구름은희오 고는。못맞은드꼿。꼿기가。어바는。드。바람은 가볍에서。드。구름은희오를。잇은것

一맞은드잇(본) 날이춥다마는나는가겟다 마는은。맞은드꼿。꼿기。다가。잇는。드。날 이춥다에서。드。나는가겟다를。잇은것

(뜻二) 잇기의쓰이는곳

一기(결에)욺의。알에 여는。기(결에)알에。쓰 이는지。말ᄒᆞ는것

一움기。알에(본) 먹으면 으면이。잇기니。움 기。먹。알에。쓰인것

一엇기。알에(본) 검으면 으면이。엇기니。엇 기。검。알에。쓰인것

一읾기。알에(본) 돌이면 이면이。잇기니。읾 기。돌。알에。쓰인것

一소리。알에

一웃듬소리。알에(본) 와。면。ㄴ데。니

一붙(음)소리。알에(본) 과。으면。인데。이면。은데。으니。이니

一웃듬소리든지。붙(음)소리。알에(본) 는데。다。다가。고。그러ᄒᆞᆷ으로

(알이) 맞은。말을。잇는。잇기는。다。한가지의。몸으로。웃듬소리든지。붙(음)소리의。알에。쓰이나니라

(뜻二) 잇기의때

一이때(본) 가니。가는데。먹으니。먹는데 니와。으니와。는데는。다。이때의。잇기라

一간때(본) 가앗으니。가앗는데。먹엇으니。먹엇는데 앗으니와。앗는데와。엇으니와。엇는데는。다。간때의。잇기니。앗이나。엇은。다。간때를。보이는。표라

一올때(본) 가겟으니。가겟는데。먹겟으니。먹겟는데 겟으니와。겟는데가。다。올때의。잇기니。겟은。올때를。보이는。표라

(갑이) 니와。으니와。는데와。같은。잇기들의。때를。밝게다시。말ᄒᆞ면。이때에。되는것이오。앗으니와。앗는데와。엇으니와。엇는데와。같은。잇기들은。때를。밝게。다시。말ᄒᆞ면。다。되어잇는것이오。겟으니와。겟는데와。같은。잇기들의。때를。다시。밝게。말ᄒᆞ면。이담에。될것이니。곳。되리라。고。거짓。뜻ᄒᆞ는것이오。가더니와。더는。지난때에。맞지안이ᄒᆞᆫ것이니。곳。지난때에。되어。가는것이라

(뜻二) 잇기의序分

一높음 尊稱ᄒᆞ는것 (본) 가시니 시니가。높음이는。잇기니。시는。높이는。표라

年

一갈음 平補ᄒᆞ는것이오 序分을이름이업ᄂᆞᆫ것 (본) 가나

(잡이) 놉혀말ᄒᆞᆷ으로 가옵시나 ᄒᆞᆯ때도 잇ᄉᆞ오니 옵시가 놉임이은 가시오나 ᄒᆞᆯ때도 잇ᄉᆞ오니 시오가 놉임이은 가오나 ᄒᆞᆯ때도 잇ᄉᆞ오니 오가 놉임이라 그러ᄒᆞ나 시만 두어 놉임을 삼음이 通常이라

꿋기의 쓰이는 곳

一기의알에

一엇기알에 (본) 검다 다가 꿋기니 엇기 검알에 쓰인 것

一움기알에 (본) 먹는다 는다가 꿋기니 움기 먹알에 쓰인 것

一임기알에 (본) 먹이다 이다가 꿋기니 임기 먹알에 쓰인 것

(잡이) 엇과 움과 임기알에 다 한가지로 쓰임도 잇고 엇과 움기알에 한가지로 쓰임도 잇는데 엇과 움기알에 쓰이는 것은 서로 거진 다 갈으며 임기알에 쓰이는 것은 엇과 움기알에 쓰이는 것과 서로 거진 다 다르니라

一소리알에

一웃듬소리알에 (본) 가오 오가 꿋기니 웃듬소리가 꿋진 가알에 쓰이는 것

一붙임소리알에 (본) 먹으오 으오가 꿋기니 붙임소리가 꿋진 먹알에 쓰이는 것 (잡이) 으오의 代로 소를 쓰어 혼이 ᄇᆡ 소리를 나니라

一웃듬소리든지 붙임소리알에 (본) 가더라 먹더라 더라가 꿋기니 웃듬소리나 붙임소리가 꿋진 가와 먹알에 한가지 더라로 쓰이는 것

꿋기의 序分 長幼尊卑의 다름을 가르는 것

一놉흠 (본) 저대가 푸릅니다 ㅂ니다가 꿋기니 이 말을 듯는 이를 놉히어 말ᄒᆞ는 것 ᄲᅢ라 그어른이 오십데다 십데다가 꿋기니 오는 이와 듯는 이 세롯 다 놉이어 말ᄒᆞ는 것 (잡이) 이는 다 줄이면 (알이) 老年에 맛비라 쓰는 것

一갈음 (본) 저대가 푸르오 오가 꿋기니 이 말을 듯는 이를 갈게 말ᄒᆞ는 것 (잡이) 가시오 시오가 꿋기니 오만 쓰이는 엇보다 놉흐니라 (알이) 中年에 쓰는 것

一낫음 下補ᄒᆞ는 것 (본) 저대가 푸르다 다가 꿋기니 이 말을 듯는 이를 낫히어 말ᄒᆞ는 것 (잡이) 서로 한가지의 序分을 쓸 때에는 다 갈음이라 ᄒᆞᆯ 만ᄒᆞ니라

꿋기의 때

全

一 이때 그남이가 이때에 되어가는것 (본) 말이 되오 오가 꽂기니 그남이 되가 이때에 되어가는것 그말이 겁다 다가 꽂기니 그남이 겁이 이때에 들어나아가는것 이거이 먹이다 이다가 꽂기니 그남이 먹이 이때에 있어가는것이라

一 간때 그남이가 이때에 다되어 잇는거 파되었다가 없어진것 (본) 그사람이 가앗다 앗다가 꽂기니 앗은 간때에 프라이는 그남이가 가되어 그가 들흠의 다됨이 지금 저곳에 들어나앗음을 보이는것이라 그마당을 씰었었다 었었다가 꽂기니 었었은 간때에 프라이는 남이 씰이 다되어 그씰을 흠의 다됨이 깨끗흠으로 잇다가 다시 더럽게 되어 씰은 흠의 들어남이 없어진것이니 모전 었은 씰이 다됨을 보임

넓게

여기에적은 글자는큰 글자를꽂 든지 곁에놓든지 特刻으로 하시오

一 올때 그남이가이 (이요알에엇은그것이없어짐을보이는것이라) 담때에될것(본) 비가오겟다 (겟다가꼿기나겟은올때의표라이는그남이오가이담때에될것을보이는것이라)

알이 그남이의되고못됨으로말ᄒᆞ면 이때라홈은 그남이가이때에되어가

(잡이) 올때를표ᄒᆞᄂᆞᆫ것은 거짓뜻홈을보이는것이라

는것이니 되는때라홀것이요 간때라홈의가 앗다라ᄒᆞᄂᆞᆫ 앗과같은것은 그남이가가다맞아잇는것이니 이때맞음이라ᄒᆞ든지 맞아잇음이라홀것이요 씰엇엇다라ᄒᆞᄂᆞᆫ 엇엇과같은것은 그남이씰이다맞아잇다가없어진것이니 간때맞음이라ᄒᆞ든지 맞아지남이라홀것이요 올때라홈의 오겟다라ᄒᆞᄂᆞᆫ 겟과같은것은 그남이오가이담때에될것이니 올때됨이라홀것이라 그러ᄒᆞ나 이는오가되리라고뜻ᄒᆞᄂᆞᆫ것이니 또한 거짓뜻ᄒᆞᄂᆞᆫ때라홀것이라

꽃이피엇겟다ᄒᆞ면 엇겟은간때표엇에 올때표겟이더ᄒᆞᆫ것이니 피가되엇다고거짓뜻홈이라 이를간올때라ᄒᆞ든지 거짓맞은때라홀것이니 漢字로譯ᄒᆞ면 過去將來라ᄒᆞ든지 過去假想時라홀것이라

(잡이) 그사람이가오ᄒᆞ면 오는이때를아우른꽃기니 이는이러ᄒᆞ게풀어말홀것이요 때를보이는조가따로잇는것은 꽃기에아우르어 한꽃기로삼고 이를풀때에는 각ᄃᆞ말홀지니라

(불三)

기몸박굼

각기를서로박구어쓰지못ᄒᆞ면 말을굼일수가없음으로 각기성을서로박구어씀이잇으니 이를기몸박굼이라이름이라

(불三) 엇본임 (엇몸을임몸되게ᄒᆞᄂᆞᆫ것)

힘 (히는엇몸이요ㅁ은그히에더ᄒᆞ여임몸으로박구어지게ᄒᆞᄂᆞᆫ것이라그러홈으로힘은임이라) 검음 (검은엇몸이요음은그검에더ᄒᆞ여임몸으로박구어지게ᄒᆞᄂᆞᆫ것이라그러홈으로검음이임이라)

(잡이) 웃듬가꼿진엇기에는 ㅁ만더ᄒᆞ여 임몸으로박구고 붙임소리가꼿진엇기에

는음을더ᄒᆞ여 임몸으로박구니이알에다른것도이를밀어물지라

(알이)불엽(소리)가꿋진알에도ㅁ만더ᄒᆞ지안이ᄒᆞ고ㅁ우에으를더ᄒᆞ여씀은불엽(소리)

둘이함게잇으면그소리를다내기를어렵고그소리가박구어집이잇음

우로막고자홈이니두불엽소리사이에웃듬소리가들어가면그불엽소

리가따로나는까닭이라

(알이)엇기갈알에는ㅁ을바로더ᄒᆞ여임몸이되게ᄒᆞ나이는ㄹ파ㅁ의소리를

함게낼수잇고그소리가함게나되박굼이없이제소리대로나는까닭이

라(본)김ㅁ

히지 검지 지는웃듬소리알에한가지로더ᄒᆞ여임몸되게ᄒᆞ는것인데그남이는늘뒤집는(反順)뜻이됨에쓰는것이라

히기 검기 기는웃듬소리알에한가지로더ᄒᆞ여임몸되게ᄒᆞ는것(알이)지와기의다름을가르고자ᄒᆞ면기를

더홈은두루쓰이는것이라홀지라

(둘二) 임엇본임 임몸이엇몸되고다시임몸되게ᄒᆞ는것

(정홈)정은漢字精의音인데우리나라말에漢字音을섞어씀이잇으되다임몸으로임몸되는정에ᄒᆞ를더ᄒᆞ여엇몸을만들고다시ㅁ을더ᄒᆞ여임몸이되게ᄒᆞᆫ것

(만씀으로그)

(둘二) 움본임 움몸을임몸되게ᄒᆞ는것

감 움몸가에ㅁ을더ᄒᆞᆫ것 먹음 움몸먹에음을더ᄒᆞᆫ것 가지 움몸가에지를더ᄒᆞᆫ것 먹지 움몸먹에지를더ᄒᆞᆫ것 가기 움몸가에기를

더ᄒᆞᆫ것 먹기 움몸먹에기를더ᄒᆞᆫ것 먹이 움몸먹에이를더ᄒᆞᆫ것 갊 움몸갈에ㅁ을더ᄒᆞᆫ것 썰에 움몸썰에에를더ᄒᆞᆫ것 묻엄 움몸묻에엄을

(둘二) 임몸본임 임몸이움몸되고다시임몸되게ᄒᆞ는것 열을더ᄒᆞᆫ것 막애 움몸막에애를더ᄒᆞᆫ것 남아나남어지

일홈다시 임몸일에ᄒᆞ를더ᄒᆞ여움몸되게ᄒᆞ고(알이)일도임기요일홈도임기라그러나일홈은움즉임의뜻(性質)이

잇으나ᄒᆞ가들어가아움몸이되어다시임몸된까닭이라

다른것도이러ᄒᆞ게된것은이를밀어물지라

(알이)돌질 임몸돌에질을더ᄒᆞ여움즉임의뜻이잇는임몸이되게ᄒᆞ는것

이우에는임몸되게ᄒᆞ는것

(둘二) 임본엇

정ᄒᆞᆫ 정은漢字精의音인데精字는純漢文으로엇몸이나우리나라말에는漢字音은다임몸으로씀으로그임몸되는정에ᄒᆞ를더ᄒᆞ여비로소엇몸으로쓰

나ᄒᆞ는 임몸 졍을 엇몸되게ᄒᆞ는것

(알이) 해롭 해는 漢字 害의 音인데 롭을더ᄒᆞ여 엇몸되게ᄒᆞ는것 사람스럽 임몸 사람에 스럽을더ᄒᆞ여 엇몸되게ᄒᆞ는것 사람답

답은 스럽과 한가지니 임몸 사람에 더ᄒᆞ여 엇몸되게ᄒᆞ는것 먹음직ᄒᆞᆫ 쓸만ᄒᆞᆫ 다 이 두말의 몸이 박궁을 가르기 길어서 발ᄒᆞ

지안이ᄒᆞ거니와 이들은 다 엇몸으로 쓰는것

이우에는 엇몸되게ᄒᆞ는것

(뜻二) 임본움 임몸을 움몸되게ᄒᆞ는것

일ᄒᆞᆷ 임몸 일에 ᄒᆞ를더ᄒᆞ여 움몸되게ᄒᆞ는것 말ᄒᆞᆫ 임몸 말에 ᄒᆞ를더ᄒᆞ여 움몸되게ᄒᆞ는것 나무ᄒᆞᆫ 임몸 나무에 ᄒᆞ를더ᄒᆞ여 움몸되게ᄒᆞ는것 (漢字音은)

동ᄒᆞᆫ 동은 漢字 動의 音인데 動字는 純漢文으로 움몸이나 우리나라말에는 임몸으로만 씀으로 그 임몸되는 動에 ᄒᆞ를더ᄒᆞ여 비로소 움몸으로 쓰니다

ᄒᆞ는 임몸 동에 더ᄒᆞ여 움몸되게ᄒᆞ는것

(뜻三) 억본움 억몸이 움몸되게ᄒᆞ는것

더ᄒᆞᆫ 억몸 더에 ᄒᆞ를더ᄒᆞ여 움몸되게ᄒᆞ는것 다ᄒᆞᆫ 억몸 다에 ᄒᆞ를더ᄒᆞ여 움몸되게ᄒᆞ는것 잘ᄒᆞᆫ 억몸 잘에 ᄒᆞ를더ᄒᆞ여 움몸되게ᄒᆞ는것 못ᄒᆞᆫ

억몸 못에 ᄒᆞ를더ᄒᆞ여 움몸되게ᄒᆞ는것

(알이) 더와 다는 임몸으로 쓰는것이라

(뜻二) 움억본움 움몸이 억몸되고 다시 움몸되게ᄒᆞ는것

자게ᄒᆞᆫ 움몸 자에 게를더ᄒᆞ여 억몸을 만들고 다시 ᄒᆞ를더ᄒᆞ여 움몸되게ᄒᆞ는것 먹게ᄒᆞᆫ 움몸 먹에 게를더ᄒᆞ여 억몸을 만들고 다시 ᄒᆞ를더ᄒᆞ여

움몸되게ᄒᆞ는것

(뜻三) 엇억본움 엇몸이 억몸되고 다시 움몸되게ᄒᆞ는것

히게ᄒᆞᆫ 엇몸 히에 게를더ᄒᆞ여 억몸을 만들고 다시 ᄒᆞ를더ᄒᆞ여 움몸되게ᄒᆞ는것 검게ᄒᆞᆫ 엇몸 검에 게를더ᄒᆞ여 억몸을 만들고 다시 ᄒᆞ를더ᄒᆞ여

움몸되게ᄒᆞ는것

임움억본움 임몸이 움몸되고 다시 억몸되고 다시 움몸되는것

일ᄒᆞ게ᄒᆞᆫ 임몸 일에 ᄒᆞ를더ᄒᆞ여 움몸을 만들고 다시 게를더ᄒᆞ여 억몸을 만들고 다시 ᄒᆞ를더ᄒᆞ여 움몸이 되게ᄒᆞ는것 동ᄒᆞ게ᄒᆞᆫ 동은 漢字

音이나 임몸이요 다른것은 우와 한가지라

(뜻二) 임엇억본움

졍ᄒᆞ게ᄒᆞᆫ 졍은 漢字音의 이나 임몸이요 ᄒᆞᆫ를더ᄒᆞ여 엇몸을 만들고 다시 게를더ᄒᆞ여 억몸을 만들고 다시 ᄒᆞᆫ를더ᄒᆞ여 움몸이 되게ᄒᆞ는것

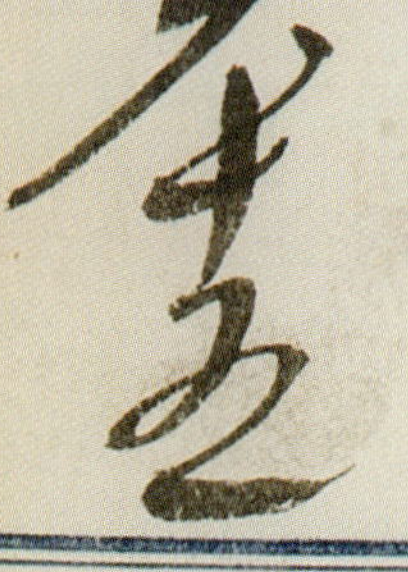

이우에는움몸이되게ᄒᆞ는것

크기는ᄒᆞᆫ 엇몸크에기를더ᄒᆞ여임몸을만들고다시만이겻기는을더ᄒᆞ여한임 이듬을일우어그만이의뜻이잇게ᄒᆞ고다시ᄒᆞ를더ᄒᆞ여한엇몸이되 게ᄒᆞᆫ것이라또크기를임이로보고ᄒᆞ를남이보든지크기는을한역몸으로보 고ᄒᆞ를남이로보아풀수가잇다ᄒᆞᆯ지나그뜻을풀기가쉽지못ᄒᆞ니하필이러ᄒᆞ 게풀것이오(안이) 크기는ᄒᆞ를만이는의뜻이 잇는한엇몸으로만봄이좋으니라 크기도ᄒᆞᆫ 크기야ᄒᆞᆫ 크기만ᄒᆞᆫ

정ᄒᆞ기는ᄒᆞᆫ 보기는ᄒᆞᆫ 움몸보에기를더ᄒᆞ여임몸을만들고다시만이겻기 는을더ᄒᆞ여한임이듬을일우어그만이의뜻이잇게 ᄒᆞ고다시ᄒᆞ를더ᄒᆞ여한움몸이되게ᄒᆞᆫ것이라또보 기를삼이로보고ᄒᆞ를남이로보아풀수도잇는것이라 보기도ᄒᆞᆫ 보기야ᄒᆞᆫ

보기만ᄒᆞᆫ 동ᄒᆞ기는ᄒᆞᆫ

크게는ᄒᆞᆫ 엇몸크에게를더ᄒᆞ여역몸을만들고다시만이겻기는을더ᄒᆞ여그만 이의뜻이잇는역몸이되게ᄒᆞ고다시ᄒᆞ를더ᄒᆞ여한움몸이되게한것 이라이러홈으로크게는을한역몸으로보고ᄒᆞ를남이로보든지크게를한임 몸으로보아임이로삼고ᄒᆞ를남이로삼아풀수잇는것이라그러ᄒᆞ나크게는 ᄒᆞ를한몸으로봄 이좋으니라 크게도ᄒᆞᆫ 크게야ᄒᆞᆫ 크게를ᄒᆞᆫ 크게만ᄒᆞᆫ 정ᄒᆞ게만

ᄒᆞᆫ

가게는ᄒᆞᆫ 움몸가에게를더ᄒᆞ여역몸을만들고다시만이겻기는을더ᄒᆞ여그만 이의뜻이잇는역몸이되게ᄒᆞ고다시ᄒᆞ를더ᄒᆞ여한움몸이되게ᄒᆞᆫ것이 라이러홈으로가게는을한역몸으로보고ᄒᆞ를남이로보든지가게를 한임몸으로보아임이를삼고ᄒᆞ를남이로삼아풀수잇는것이라그러 ᄒᆞ나크게는ᄒᆞ를한움몸 으로봄이좋으이라 가게도ᄒᆞᆫ 가게야ᄒᆞᆫ 가게만ᄒᆞᆫ 가게

를ᄒᆞᆫ 동ᄒᆞ게를ᄒᆞᆫ

이것 힌것 검은것 배호는것 배홀것 정ᄒᆞᆫ것 동ᄒᆞ는것 말ᄒᆞ는바

말ᄒᆞ는줄 것과바와줄은다임몸이나무엇을가르치어냄이못됨으로그우 에언기를아우르어한입몸으로풀기도홈이좋으니라

이우에는기몸박굼에특별홈이라

(ᄌᆞ二)

엇본언 엇몸을언몸 되게ᄒᆞ는것

힌 엇몸히에ᄂ을더ᄒᆞᆫ것이니ᄂ은 엇몸치를언몸이되게ᄒᆞ는것 검은 엇몸검에은을더ᄒᆞ여언몸이되게ᄒᆞᆫ것 이니은은힌의ᄂ과한가지나불용소리알에 쓰는것 이라

(알이)길대 가볍은옷 좁은길 찰때 맑을때 긺때 춥을때 좁을때

찰한寒 점을현玄 달감甘 멀원遠 힐빅白 힌빅白 클대大 큰대大 길장

長 긴장長 빌공空 가볍을경輕 가벼울경輕 가벼울경輕 가별경輕 덥을열熱 더울열熱

옷

더울열熱 덜열熱 힌엿 검은엿 큰요 넓은요 큰이불 큰양푼

적은옷 깃부던만 깃부엇을만

이는。다。가르어。말ᄒᆞᆯ것이。잇음이라

(목二) 움본언 움몸을。언몸。되게ᄒᆞ는것

가는 움몸가에ᄂᆞᆫ을。더ᄒᆞᆫ것이니。ᄂᆞᆫ은。이때를。아우르어。움몸가를。언몸이。되게ᄒᆞ는것 간 움몸가에。ᄂᆞᆫ을。더ᄒᆞᆫ것이니。ᄂᆞᆫ은。간때을。아우르어。움몸가를。언몸이。되게ᄒᆞ는것 갈 움몸가에。ㄹ을。더ᄒᆞᆫ것이니。ㄹ은。올때를。아우르어。움몸가가。언몸이。되게ᄒᆞ는것

가앗는 가에。맞아。잇는때로。앗을。더ᄒᆞ끄。이에。ᄂᆞᆫ을。더ᄒᆞ여。언몸이。되게ᄒᆞ는것 씰엇엇는 씰에。맞아。진지난때로。엇엇을。더ᄒᆞ고。이에。ᄂᆞᆫ을。더ᄒᆞ여。언몸이。되게ᄒᆞ는것 가겟는 가에。올때로。겟을。더ᄒᆞ고。이에。ᄂᆞᆫ을。더ᄒᆞ여。언몸이。되게ᄒᆞ는것

가던 가에。간때에。되는것으로。더를。더ᄒᆞ끄。이에。ᄂᆞᆫ을。더ᄒᆞ여。엇몸이。되게ᄒᆞ는것 가앗던 가에。맞아。잇는때로。앗을。더ᄒᆞ끄。이에。다시。간때에。되는것으로。더를。더ᄒᆞ끄。이에。ᄂᆞᆫ을。더ᄒᆞ여。엇몸이。되게ᄒᆞ는것이니。맞아지난때로。쓰는것이라。이러홈으로。씰엇엇는이라。홈과。그。때가。한가지라

가겟던 가에。올때로。겟을。더ᄒᆞ끄。이에。다시。간때에。되는것으로。더를。더ᄒᆞ고。이에。다시。ᄂᆞᆫ을。더ᄒᆞ여。언몸이。되게ᄒᆞᆫ것이니。가기로。뜻ᄒᆞ여。가는것이。지나감。끗。맞아지남으로。쓰는것이라

(알이)가랴는 라는。겟과。한가지나。랴는。가기를。뜻ᄒᆞᆫ것이요。겟은。가기로。뎡ᄒᆞᆫ것이니。가라던과。가겟던의。다름도。이를。밀어。알것이라

먹는 가는과。한가지니。는은。붙음소리의。알에든지。읏듬소리의。알에든지。다。쓰는것 먹은 은은。간의。ᄂ과。한가지니。붙음소리의。알에。쓰는것 먹을 을은。갈의。ㄹ과。한가지니。붙음소리의。알에。쓰는것

(알이)갈갈 갈는소 팔쌀 갈때 먹을때 갈耕때 열쇠 눕은아기

눕을아기 누운아기 누을아기 누운아기 누울아기 누온아기 (누올아기)

눕아기 (눌아기) 접은조히 칙운 짓은집 진집 (지은집) 짓을집 질집 (지을집) 솜둔요

솜둔이불 솜둘요 솜둘이불 닦은양푼 들은말 갈앗던갈 왓

던사람 왓엇던사람 갈거去 먹을식食 갈마磨 누을와 (눕을와) 바 눌와 (누올와 누울와) 바 엽을

부負 지을작 (짓을작) 作 질작作

(목三) 임본언 임몸이。언몸。되게ᄒᆞ는것

모시옷 면쥬옷 변쥬이불 베이불 아기옷 오리알 비단옷 물오리

솜옷 겹옷 속옷 강오리 대갓 꼬깃국 배나무 뱃나무 어젯날

가루되 벼룻돌 채롱 새무리 바닷물 수수밥 햇빗(햅빗) 보리술 벼
룻상 기와집 류리창 대갈 석유동 쉬파리 담배합 산나물 산골
(달에 우에 임에ㅅ을 더ᄒᆞ여 부르는 것) 연달(우에 임에 이 잇는 것) 삼한력ㅅ 산물 산봉울이(우에 임에ㅅ 이 잇는 것)
보션솜(우에 임에ㅅ 이 잇는 것) 비단실 우산자루(우에 임에ㅅ 이 잇는 것) 떡국 장작나무 ᄒᆞᆰ담
딴국력ㅅ 떡보 호박설기 약저울 떡물 떡합 말가루(우에 임에ㅅ 이 잇는 것) 돌
기동 칼날 솔나무 소나무 물독(우에 임에ㅅ 이 잇는 것) 돌다리(을 더러 우에 임에ㅅ ᄒᆞ여 브르는 것) 돌담
길리수 모밀묵 가을보리 이불보(우에 임에ㅅ 이 잇는 것) 물소리(우에 임에ㅅ 이 잇는 것) 말색기
ᄉᆞᄉᆞ 돌집 필힘 열음물 밥자루(우에 임에ㅅ 이 잇는 것) 곰ᄑᆞ리 벌나비(우에 임에ㅅ 이 잇는 것) 그
몸달 금돈 여름량식 봄배추(우에 임에ㅅ 이 잇는 것) 봄보리 바람소리(우에 임에ㅅ 이 잇는 것)
밤숨(栗島) 밤자루(우에 임에ㅅ 이 잇는 것) 열음조기(우에 임에ㅅ 이 잇게도 부름) 밥그릇 집날 밥덩이
밥물 밥보작이 밥사발 집지목 옷갓 잣나무 빗등 못물 옷보
빗살 붓자루 옷함 젓통 콩국(우에 임에ㅅ 이 잇는 것) 콩기름 뽕나무 장독(우에 임에
ㅅ 이 잇는 것) 빅동돈 삼동량식 강물 장발(우에 임에ㅅ 이 잇는 것) 콩밥 총소리(우에 임에ㅅ 이 잇는
것) 콩자루(우에 임에ㅅ 이 잇는 것) 콩장 흐린일 은일 큰일 비단이불 솜이불 금일
겹이불 갓일 총알 눈약 양푼 담약 배꼽약 밥양푼 젓약 갓양
장양푼 다락열쇠 산여호 쇼천연 밤엿 문갑열쇠 장열쇠 비단요
솜요 겹요 무명요 밤옷(장작옷) 안성유기 물양푼 돌여ᄉᆞ 털요 박달윳
가을일(흙일로 가을일까지는 알에 임기는 ㅣ나 ㅣ가 몬저 아우른 것 곳 ㅣᄒᆞ고 ㄲ로 첫소리가 됨이요 우에 임기는 [ㅂ를 ㅅ음] 우리 꿋소리가 됨인데 말에 버릇
으로 우에 임기 알에 ㄴ을 더ᄒᆞ여 부르는 것이라 우에 임기가 [ㅂ를 ㅅ음] 안이라도 잇다 / 금ㄴ을 더ᄒᆞ여 부름이 잇으니 나문 잎요이라 ᄒᆞᆯ 때가 잇음이라)
나문 때문에 돌인 까닭에 나의 붓(나무 때문에 돌 까닭에) 내붓(집인 내가) 팡에 쥐 암개 암닭 수개
ᄉᆞᆫ 수닭(암개로 수닭까지는 우에 임에 말의 버릇으로 ᄒᆞ를 더ᄒᆞ여 부르는 것) 범 같은 장수 나 아我 가마귀 오烏
소 우牛 귀 이耳 풀무 야冶 마 여薦 노래 요謠 느릅나무 유楡 연덕 아阿 눈 안眼 열골
안顔 곰 웅熊 벗 우友 사랑 의愛 장막 유帷 들 야野 사람 인人 볏 양陽 못 연淵 모양 양
樣 가지 가柯 들메나무 남楠 해 년年 구리 동銅 번개 뎐電 해오라비 로鷺 들보 량梁

두량兩 재령嶺 미르룡龍 박휘륜輪 배리梨 례도례禮 나무목木 꼬리미尾 오리부
븨자루병柄 모래사沙 마셔저著 누에잠蠶 대죽竹 파총蔥 자척尺 톡기토兔 아가위
뎨隷 자개패貝 허파폐肺 새오하蝦 북고鼓 닭계鷄 장인공工 들교郊 활궁弓 몸구
軀 톱거鉅 그릇긔器 구멍공孔 안내內 싱각념念 고름농膿 계집녀女 종노奴 편안
녕寧 조각단段 논답畓 끌도 셤도島 집당堂 엿당餹 못뎡釘 쪽람藍 란간란欄 련련
華 길로路 버들류柳 힘력力 보습리犁 오얏리李 먹묵墨 눈목目 쌀미米 보름망望
눈셥미眉 낫면面 이랑묘畝 언덕부阜 손빈賓 벌봉蜂 길삼방紡 밥반飯 벗붕朋 스
승부傅 북사梭 눈셜雪 솔송松 맘심心 셥신薪 묷속束 창삭槊 쇠북죵鍾 돈젼錢 걸
졍程 버금즁仲 즙즙汁 뜻지志 마당장場 봄츈春 풀초草 하날텬天 숫탄炭 언덕파
坡 물결파波 붓필筆 목항項 신혜鞋 골현縣 범호虎 꼿화花 구멍혈穴

(알이)이우는 풀어말홀것이 여러가지가 잇ᄂᆞ니라 ㅅ이나 ㄴ이나 ㅎ들을 더ᄒᆞ여 쓰지안이ᄒᆞᆷ으로 바른길로 삼음이 좋으리라 ᄒᆞ노라 (이우는 다 엇몸이 되게 ᄒᆞ는 것)

(무二) 엇본역 (엇몸이 엇몸되게 ᄒᆞ는것)

히게 (엇몸을 히에 더ᄒᆞᆫ것) 검게 (엇몸을 검에 더ᄒᆞᆫ것) ᄒᆞᆫᄒᆞ게 (엇몸을 ᄒᆞᆫᄒᆞ에 더ᄒᆞᆫ것) ᄒᆞᆫ게 ᄒᆞᆫ히 (ᄒᆞᆫ이) 게르게 (엇몸게르에 더ᄒᆞᆫ것) 겔이 겔리 (겔나) 이르게 (엇몸 이르에 더ᄒᆞᆫ것) 일게 (일리) 씀안이
누르게 (엇몸 누르에 더ᄒᆞᆫ것) (누를어) (눌게) 눌리 (이다. 씀안) 잘아 (엇몸잘에 더ᄒᆞᆫ것) 약아 좁아
검어 (엇몸검에 엇기어를 더ᄒᆞᆫ것) 걸어 히어 (히여) 게르어 (엇몸게르에 엇기어를 더ᄒᆞᆫ것) 겔어 겔러
겔너) 빠르어 (빨아, 빨라, 빨나)
(잡이)아는, 우에 母音(옷듯소리가)에 ㅏ나 ㅑ나 ㅗ나 ㅛ가 되는 알에 쓰이고, 어는 ㅣ나 ㅓ나 ㅜ나 ㅡ가 되는 알에 쓰이는것이라
곱ᄒᆞ어 (엇몸곱ᄒᆞ에 엇기어를 더ᄒᆞᆫ것) (곱하) 곱麗아 (꼬아 고와) 쉽어 (쉬워 쉬어) 덥어 (더어 더워) 비어 (비여) 차아 (차) 좋아 (조하) 끋아 (끄다) 곳아 꼿다) 깊어 (기퍼 깁허) 열어 (여러 엿허) 낮아 (나자 낫자 낫아) 졍ᄒᆞ어 (졍ᄒᆞ여 ᄒᆞᆫ쓸것만 졍하여 졍하야) 맑아 (말가) 넓어 널버

널으어 (너르어) 넙으어 (너브어) 널어 (널너) 넙어 (너버) 옳아
(올하 올아) 그어 (거) 깃브어 (깃버)

이 우는 풀어 말홀것이 여러가지가 잇ᄂᆞ니라

(注二) 움본억 (움몸이 억몸되게 ᄒᆞᄂᆞᆫ것) 올르게

가게 (움몸 가에 게를 더ᄒᆞᆫ것) 먹게 (움몸 먹에 게를 더ᄒᆞᆫ것) 일ᄒᆞ게 (움몸 일ᄒᆞ에 게를 더ᄒᆞᆫ것) 동ᄒᆞ게 (움몸 동ᄒᆞ에 게를 더ᄒᆞᆫ것) (동께)
오르게 (움몸 오르에 게를 더ᄒᆞᆫ것) 게르게는 걸이로 줄여 씀이 잇으되 오르게는 올이로 줄여 쓰
지 안이ᄒᆞᆷ 좇게 (좃게 좃께) 덮게 (덥게 덥께) 쌓게 (싸케 쌋케) 깎게
(깍게 깍께) 붉게 (불께) 삶게 (삼게 삼께) 밟게 (발게 발께) 앓
게 (알게) 벗게 (버께) 믿게 (밋게) 맡게 (맏게 맛게) 찢게 (찟게)
없게 (업게) 앉게 (안게 안께) 돌아 (움몸 돌에 아를 더ᄒᆞᆫ것) 잇기 적어 (움몸 적에 어를 더ᄒᆞᆫ것) 잇기
(저러) 가르어 (갈르어) (갈아 갈라 갈나) 두르어 (둘르어) (둘어 둘러 둘너) 따르
어 (딸아 ᄯᅡ라) 이르어 (이를어) 돕아 (도아 도와) 눕어 (누어
누워) 밉어 (미어 미워) 기어 (기여) 가아 (가) 찾아 (차자) 그리어
(그려) 짓어 (지어 지여) 젓어 (저) 걸어 (걷) 쌓아 (싸하, 싸아, 싸) 서어
(서) 쓰어 (써) 절ᄒᆞ어 (절ᄒᆞ여 (절ᄒᆞ야) 절하여 절하야) 씻어 (씨서 씻서) 믿어
(미더 밋어 밋더) 맡아 (마타 맛하 맛타) 찾아 (차자 찻자 찻아)
좇아 (조차 좃차 좃아) 엎어 (어퍼 업허 업어) 섞어 (석거 석써
섯선) 얽어 (얼거) 밟아 (발바) 삶아 (살마) 잃어 (일허 일어 이러)
앉아 (안자 안즈 안저 안져) 없어 (업서 업셔 업써) 읊어 (읇허
을퍼 읇어) 핥아 (할타)

이 우는 풀어 말홀것이 여러가지가 잇ᄂᆞ니라

(注三) 제움이 남움되게 ᄒᆞ는것 (잡이 제움은 우리나라 말로 自動이라홈이오 남움은 他動이라홈이라)

줄이 (제움 몸 줄에 이를 더ᄒᆞ여 남움이 되게 ᄒᆞᄂᆞᆫ것)
(잡이) 돌이 (제움몸 돌에 이를 더ᄒᆞ여 남움이 되게 ᄒᆞᆫ것인데 그 ㄴ은 ㄹ의 소리를 習慣에 둘로 내는 것이라 ㄴ을 ㄷ로 ㄹ로 부르는 習慣의 諺撥은 날아가를

겸

쉿다 곰날라 가라 홉과 모래라 고ᄒᆞ 도ᄒᆞ 고물래라 라고도 ᄒᆞ는 것들이라 **줄어지** 줄에 어와 이를 더ᄒᆞᆫ 것이나 줄과 한 가지로 쓰임이요 아모 박구임이 없

이는 라것

돋우 제움 몸 돋에 우를 더ᄒᆞ여 남움이 되게 ᄒᆞ는 것

(잡이) 돋아지 돋에 아와 지를 더ᄒᆞᆫ 것이나 줄과 한가지로 쓰임이요 아모 박구임이 없는 것이라 **없어지** **없이ᄒᆞ**

(알이) 일우 제움 몸 일에 우를 더ᄒᆞ여 남움이 되게 ᄒᆞᆷ이니 돋우와 한가지라 **일어나** 일과 한가지로

쓰이는 것 **걸우** 제움 몸 걸에 우를 더ᄒᆞ여 남움으로 쓰는 것인데 켭慣에 잇다금 걸을 남움으로도 쓰는 것 **걸어지** 걸과 한가지로 쓰이는 것

묵히 제움 몸 묵에 히를 더ᄒᆞ여 남움이 되게 ᄒᆞ는 것

(잡이) 줄, 줄어지, 돋, 돋아지, 얼, 일어나, **걸**, 걸어지, 묵은 다 直被動(바로 입음)으로 通用(두로 쓰)ᄒᆞ되 줄

어지와 돋아지와 얼어나와 걸어지를 ᄒᆞᆫ이 被動權(입음 힘)으로 씀이 習慣(버릇)이요 줄

이와 돋우와 묵히는 다 自動(바로 힘)으로 쓰는 것이나 남움은 의례 直動(바로 움)이 되나니라

쓰이 남움 몸 쓰에 이를 더ᄒᆞ여 제움이 되게 ᄒᆞ는 것

남움이 제움 되게 ᄒᆞ는 것

(잡이) 씩 쓰와 이를 한 겹에 내는 것

걸이 남움 몸 걸에 이를 더ᄒᆞ여 제움이 되게 ᄒᆞ는 것 **얹이**

(잡이) **걸이** 이 말ᄒᆞᆯ 때에 걸만 쓰어 걸어라 ᄒᆞ면 그 ㄹ을 한 ㄹ의 소리로 내되 그 걸에 이를 더ᄒᆞ여 제움이 되게 ᄒᆞᆫ 걸이의 ㄹ 소리는 두 ㄹ로 넘이 버릇된 것

(알이) 걸리 걸니 이라

남움에 이를 더ᄒᆞ여 제움을 삼은 것의 ㄹ은 말ᄒᆞ는 버릇에 거진 다 두 ㄹ 소리로 내나니라

걸이어지 걸이에 어와 지를 더ᄒᆞᆫ 것이나 걸과 ᄒᆞᆫ가지로 쓰임이요 아모 박구임이 없는 것이라

접히 남움 몸 접에 히를 더ᄒᆞ여 제움이 되게 ᄒᆞ는 것 **접히** **막히**

(잡이) 접히어지

감기 남움 몸 감에 기를 더ᄒᆞ여 제움이 되게 ᄒᆞ는 것 **넘기**

(잡이) 감기어지

먹히 남움 몸 먹에 히를 더ᄒᆞ여 제움이 되게 ᄒᆞ는 것

(잡이) 남움에 두가지씀 [두가지 性質로 난호임을 이름]이 잇으니 이 알에 적음이라 (갈래) (뜻)

一 씀 [씀이가 그 남이를 받게만 ᄒᆞ는 것] (본) 먹 (풀이) 나는 밥을 먹는다 [씀이 밥이 그 남이 먹에 쓰이어질 때름이니 이 먹과]
한가지의 움기는 씀의 뜻(性質)이 잇는 움이라 이러홈으로 이러ᄒᆞᆫ 홈을 씀이라 홈

一 시김 [씀이가 그 남이를 받아서 제가 또 움즉이게 ᄒᆞ는 것] (본) 먹이 (풀이) 나는 아기를 먹이오 [씀이 아기가 그 남이]
먹이의 움즉임을 받아 제가 또 움즉이어 먹게 ᄒᆞ는 것

(알이) 먹이는 먹게 ᄒᆞ와 한가지니 먹에 게와 ᄒᆞ를 더홈은 씀남움 먹을 시김남움되게 홈이라

(알이) 걸엇다 [이 말에 걸은 씀남움이라] 걸이오 [이 말에 걸은 씀남움인데 이는 그 걸에 더ᄒᆞ여 시김남움이 되게 홈이오 그 ㄹ은 말ᄒᆞ는 버릇으로 두 ㄹ 소리를 내는 것이라]

떨 [씀남움] 떨어지게 ᄒᆞᆫ [떨은 씀남움인데 어와 지를 더ᄒᆞ여 제움이 되게 홈이요 또 게와 ᄒᆞᆫ를 더ᄒᆞ여 시김남움이 되게 ᄒᆞᆫ 것]

떨어트리 [떨어지게 ᄒᆞ와 한가지로 쓰이는 것이니 씀남움 떨에 어와 트리를 더ᄒᆞ여 시김남움이 되게 ᄒᆞ는 것이라]

물이 [씀남움 물에 이를 더홈인데 제움으로 쓰기도 ᄒᆞ고 시김남움으로 쓰기도 ᄒᆞ는 것]

묵히 [묵게 ᄒᆞ와 한가지니 제움 묵에 히를 더ᄒᆞ여 시김남움이 되게 ᄒᆞ는 것]

굳히 [엇몸 굳에 히를 더ᄒᆞ여 남움이 되게 ᄒᆞᆫ 것이니 굳게 ᄒᆞ를 줄임이라 굳게 ᄒᆞ는 흔이 씀움으로 쓰고 굳히는 흔이 시김움으로 씀이 말흡에 버릇이라]

(잡이) 먹히어지 [먹히에 어와 지를 더ᄒᆞᆫ 것이라 그러ᄒᆞ나 먹히와 한가지로 쓰임이요 아모 박구임이 없는 것이라]

(둘) 기몸헴 [각 기를 몇 몸으로 된 것인지 가르는 것을 이름이라]

(二) 임기의 몸

一 낫몸 [한낫의 기로 된 것] (본) 사람、새、고기、돌、흙、불、물

一 모힌몸 [둘로 붙어 둘 더 되는 기가 모히어 한 기의 몸으로 쓰이는 것] (본) 불물 [불도 한 몸을 이르는 임몸이요 물도 한 몸을 이르는 임몸이니 불과 물이 두 기라 그러ᄒᆞ나 그 사람이 불물 헤알에 지산이 ᄒᆞᆫ다 홀 때에는 물과 불을 합ᄒᆞᆫ 한 몸의 한 기로 보아 이러ᄒᆞ게 씀이니 이는 합ᄒᆞᆫ 한 몸의 임기라]

(잡이) 불물이라 홈에 곳 물과 불이라 홈과 한가지니라

(잡이) 모시옷 [이는 모시와 옷을 합ᄒᆞ여 한 몸으로 씀이 안이요 모시는 그 옷이 무엇으로 만들엇다 고 가르치는 언몸 노릇ᄒᆞ는 임이라]

(二) 엇기의 몸

一 낫몸 (본) 크、검、차、착ᄒᆞ、흔ᄒᆞ

一 모힌몸 (본) 검붉 [기뜻 박굼]

(三) 겻기의 몸
一 낫몸 (본) 베
一 모힌몸 (본) 베는
그 남이 는다 이러함

(조二)

이온글의잡이

一 이글은우리나라말의듬을말ᄒᆞᄂᆞᆫ것이오뜻을말ᄒᆞᄂᆞᆫ것은안이나엇지ᄒᆞ엿든지말을배호ᄂᆞᆫ글이라이러홈으로아모조록우리나라말을흔이쓰엇노라

一 출이어쓴말과새로이름ᄒᆞ여쓴말은잠시의눈으로보시ᄂᆞᆫ이ᄂᆞᆫ이상이여기심이잇겟으나글에ᄂᆞᆫ이러ᄒᆞ게안이ᄒᆞᆯ수업슬뿐더러外國의文字를借用으로쓰ᄂᆞᆫ일도잇거늘엇지이ᄂᆞᆫᄒᆞᆯ로語音으다ᄒᆞ리오또이를漢字로짓지안이홈은그漢字의뜻으로만풀랴ᄒᆞ고그얼의뜻은버ᄒᆞ지안이홈을덜고자홈이라

一 이글은그말과그음에語音을가리어쓰노라홈이라그러ᄒᆞ나이러ᄒᆞ게만쓰기로뎡ᄒᆞᆫ다홈이안이오더좋은길이잇으면그길을ᄯᅡ를지라그러ᄒᆞ나혹한쪽만생각ᄒᆞ고그語語音과利ᄒᆞ고害홈을가르지못ᄒᆞᄂᆞᆫ말이야엇지다가리리오또여지쎄쓰ᄂᆞᆫ천불여흔히쓰던대로쓺이오그말의소리대로천루어보면뚝ᄒᆞ로한쓰어야된다ᄒᆞᆯ바ᄂᆞᆫ안이며어밝헤도고치어쓰면그까닭을알아보기가두렷ᄒᆞ지못ᄒᆞᆫ것과複雜ᄒᆞᆫ것은俗에흔ᄒᆞᆫ習慣대로아직쓰고ᄌᆞᆫᄌᆞᆫ正체가를바라ᄂᆞᆫ바라

一 이글은今世界에通行ᄒᆞᄂᆞᆫ文法을取ᄒᆞ야꿈임이라그러ᄒᆞ나우리나라말에맞게ᄒᆞ노라홈이라

一 이글이적으나우리나라말듬을總括ᄒᆞ게꿈이노라홈이라

一 이글은우리나라말에맞게ᄒᆞ노라홈이나더좋은길이잇으면반듯이그를ᄯᅡ를지라그러ᄒᆞ나그참뜻은깨지못ᄒᆞ고ᄯᅡᆫ곳을파ᄂᆞᆫ말이야엇지다가리리오

一 이글은광무이년무술에다만들엇던것을이제얼마큼덜고더홈인데이름을漢字로國語文法이라홈은그때에지샥영사가출에로말듬어라홈은그뜻과말모이語典에ᄃᆡᄒᆞᆯ짝ᄒᆞᆯ가채라

一 이글은다漢文을섞어만들엇던것인데이제다우리나라말로고치어만들고자ᄒᆞ나밧븜을말미암아다곧히지못홈으로듬이漢文이잇음은이까

닭이라

一 듣난을기만 갈의사이에 듣은이러ᄒᆞ게ᄒᆞ여야 그 뜻을알기가 쉽겟다ᄒᆞᆷ이라

一 이 글은 諜目을 밝게 난호지 못ᄒᆞ고 그 남아도 가초지 못ᄒᆞᆷ이 많으나 그 일은 버서 세작되게ᄒᆞ고자ᄒᆞ여 이러ᄒᆞᆫ대로 박음이라 그러ᄒᆞ나 그 程度는 高等以上으로 쓸것이라

一 또 이때에 우리나라에 글다스리는 일을 맡으신 이들과 우리나라 말에 이름이 높으신 이들과 우리나라에 자라는 사람의 가르침을 맡으신 이들과 우리나라 말을 빠르게 쓰며 좋은 글이 되게ᄒᆞ고자ᄒᆞ시는 이들과 우리나라 말의 字典을 만들고자ᄒᆞ시는 이들과 그 남아 우리나라 말을 發達ᄒᆞ게ᄒᆞ고자ᄒᆞ시는 뜻이 잇으신 이들에게 감히 이 글을 들여노니 이 글이 우리나라 近來 돌아다니는 文法들과 다름이 잇다고 미리 그 맛이 쓰리라ᄒᆞ여 입에 갓갑게도 안이ᄒᆞ시고 곳 버리시지 말고 硏究ᄒᆞ실 한결이로 삼아 깊이 씹어 그 속까지 맛보시고 그 잘못됨은 다 (곧히) 고쳐어 그 맛을 고르게ᄒᆞᆫ 때에 이로 말미암아 우리나라 글에다 힘ᄒᆞᆫ 바가 되게ᄒᆞ여 주시기를 바라고 어리석은 뜻을 감히 말ᄒᆞᆷ이로어다

隆熙三年十月 日 周時經

ᄒᆞ고彼語를此語로書ᄒᆞ며二音을一音으로合ᄒᆞ고二音을一音으로分ᄒᆞ며上字의音을下字에移ᄒᆞ고下字의音을上字에附ᄒᆞ며書々不同ᄒᆞ고人々異用ᄒᆞ여一個言을數十種으로記ᄒᆞ며文字를誤解ᄒᆞ는弊가語音에及ᄒᆞ고語音을未辨ᄒᆞ는害가文字에至ᄒᆞ여文言이不同ᄒᆞ며前人의謬를後人이襲ᄒᆞ고彼人의誤에此人이醉ᄒᆞ여苟且相因ᄒᆞ고混亂相尋에穿鑿無稽ᄒᆞᆫ지라今日로觀ᄒᆞ면漢文은已衰ᄒᆞ고國文은如斯ᄒᆞ여有ᄒᆞᆷ이無ᄒᆞᆷ과一般이오進ᄒᆞᆷ이退ᄒᆞᆷ에同歸ᄒᆞᆷ이니我韓이엇지有文의國이라謂ᄒᆞᆷ을得ᄒᆞ리오噫라文政의任에據ᄒᆞ여敎育의壇에ᄒᆞᆫ신諸公은此를深思ᄒᆞᆯ지어다余가鹵莽의見으로去戊戌에此書를著ᄒᆞ매友人이有ᄒᆞ여刊行ᄒᆞ기를言ᄒᆞ거늘그研究가鄙拙ᄒᆞ며措辭가粗雜ᄒᆞᆷ으로辭却ᄒᆞ고高明ᄒᆞᆫ研究家의出ᄒᆞᆷ을是竢ᄒᆞ더니近者에國文研究所가官設되며國語를研究ᄒᆞ는人士가日增月加ᄒᆞᆯ새此書에參之ᄒᆞᆯ바가有ᄒᆞᆯ가ᄒᆞ여請求ᄒᆞ는이가一二에止치안이ᄒᆞᆷ으로이에井蛙의觀이萬一의補가될가ᄒᆞ여剞劂에付ᄒᆞ노니有志諸公은我言文을深究精硏ᄒᆞ여字典文典을制ᄒᆞ며後生을奬勵ᄒᆞ여我民國의萬幸이되게ᄒᆞ소서

隆熙三年 七月 日 周時經 書

(京城北內印行)

國語文法

國文音學大要

此音學은言語를記用ᄒᆞᄂᆞᆫ文字의音學인故로그規模가律呂學이나物理學의音學과不同ᄒᆞ되其理ᄂᆞᆫ一般이니라

音은氣波(物振이퍼진波니라)의發源 物振이니라

音의發源 氣의變動이나物體의振動으로作ᄒᆞᄂᆞ니라

音性 發體의性을隨ᄒᆞ야相異ᄒᆞᆫ바니라(例)人人의不同、木石의不同

無別声 (웃듬소리와붓음소리의分) 子母의別이無ᄒᆞᆫ声이니라(例)風雷木石ホ声

有別声 (웃듬소리와붓음소리의分) 子母의別이有ᄒᆞᆫ声이니라(例)動物声

母音(웃듬소리) 自發ᄒᆞᄂᆞᆫ音(例)ㅏ

子音(붓음소리) 母音(웃듬소리)에附發ᄒᆞᄂᆞᆫ音(例)ㄱ

(解)ㅏᄂᆞᆫㄱ이無ᄒᆞ여도自發ᄒᆞ고ㄱ은其音이自在ᄒᆞ되獨發치못ᄒᆞ고ㅏ에附ᄒᆞᆫ後에야見ᄒᆞᄂᆞ니라

ㅏㅑㅓㅕㅗㅛㅜㅠㅡㅣㆍ 다母音字 웃듬소리

ㄱㄴㄷㄹㅁㅂㅅㅇㅈㅊㅋㅌㅍㅎㆁㅿㆆ 다子音字 붓음소리

母音(웃듬소리)의單複

ㅏㅓㅗㅜㅡㅣ 單音곳淸音곳輕音

ㅑㅕㅛㅠ、ㅐㅔㅚㅟㅢㅘㅝㅙㅞホ字 複音곳濁音곳重音

ㅑ ㅣㅏ合音 ㅕ ㅣㅓ合音 ㅛ ㅣㅗ合音 ㅠ ㅣㅜ合音、ㅣㅡ合音이니其ㅣ는ㅏ에在ᄒᆞᆷ 徵이下에在ᄒᆞᆷ 餘倣此

(徵)그러엇다를흔이그렷다라ᄒᆞ니ㅇ은有若無ᄒᆞᆷ으로ㅣㅓ가ㅕ가되엇나니라

子音(붓음소리)의單複

ㄱㄴㄷㄹㅁㅂㅅㅇㅈㅎ 單音곳淸音곳輕音

(注意)比較로ᄒᆞᆷ이虛ᄒᆞᆯ뿐이요ㅎ를分ᄒᆞᆯ수ᄂᆞᆫ없ᄂᆞᆫ故로單音이니라

ㅋ ㄱㅎ나ㅎㄱ의混合音(徵)각하를連發ᄒᆞᆷ이가카와同ᄒᆞ고정ᄒᆞ고를흔이

序

宇宙自然의理로地球가成ᄒᆞ매其面이水陸으로分ᄒᆞ고陸面이또江海山岳沙漠으로
各區域을界ᄒᆞ고人種도此를隨ᄒᆞ여區區不同ᄒᆞ며그言語도各異ᄒᆞ니此는天이其
域을各設ᄒᆞ여一境의地에一種의人을產ᄒᆞ고一種의人에一種의言을發케ᄒᆞᆷ이라是以
로天이命ᄒᆞᆫ性을從ᄒᆞ여其域에其種이居ᄒᆞ기宜ᄒᆞ며其種이其言을言ᄒᆞ기適ᄒᆞ며
天然의社會로國家를成ᄒᆞ여獨立이各定ᄒᆞ니其域은獨立의基요其種은獨立
의體요其言은獨立의性이라此性이無ᄒᆞ면體가有ᄒᆞ여도其體가안이요基가有ᄒᆞ
여도其基가안이니其國家의盛衰도言語의盛衰에在ᄒᆞ고國家의存否도言語
의存否에在ᄒᆞᆫ지라是以로古今天下列國이各各自國의言語를尊崇ᄒᆞ며其言을記
ᄒᆞ며其文을各制ᄒᆞᆷ이다此를爲ᄒᆞᆷ이라我國은亞洲東方溫帶에在ᄒᆞ여北으로靈
明ᄒᆞᆫ長白山이特秀ᄒᆞ고東西南으로溫和ᄒᆞᆫ三面海가圍繞ᄒᆞᆫ半島니古時에는
長白山이中央이오北은滿野를盡ᄒᆞ고其餘三面은곳東西南海라天이此域을界
ᄒᆞ고我人種을祖產ᄒᆞ고其音을命ᄒᆞ매此域에서此人種이此音을發ᄒᆞ여言語를
作ᄒᆞ고其言語로思想을相達ᄒᆞ여長白四疆에繁衍ᄒᆞ더니許多年代를經ᄒᆞ며
檀聖이開國ᄒᆞ신以來로神聖ᄒᆞᆫ政敎를四千餘載에傳ᄒᆞ니此는天然特性의我國語
라本朝　世宗朝게서天縱의大聖으로國語에相當ᄒᆞᆫ文字가無ᄒᆞᆷ을憂慮ᄒᆞ사國
文二十八字를　親制ᄒᆞ시매字簡音備ᄒᆞ여轉換記用에不通ᄒᆞᆷ이無ᄒᆞ니此는天
然特性의我國文이라國文이成ᄒᆞᆫ後에國語로著作ᄒᆞ는文字가繼出ᄒᆞ며其籍이
頗多ᄒᆞ나오히려國文을鮮用ᄒᆞ고漢文을是崇ᄒᆞ더니往年甲午에科擧法을
廢ᄒᆞᆫ後로漢文의聲勢가退縮ᄒᆞ며學習ᄒᆞ는者가稀貴ᄒᆞᆯ뿐더러近者에는我
國에敎育新法이行ᄒᆞ매前日과如히專業코자ᄒᆞ나不得ᄒᆞᆯ지니漢文의衰殘은免
키不能ᄒᆞᆫ바요國文은近來로ᄯᅩ私間에盛用ᄒᆞ니可히漸進의運을當ᄒᆞ엿다謂ᄒᆞᆯ
지라然ᄒᆞ나至于今字典을未修ᄒᆞ며由來의文字와今日의行用ᄒᆞ는바가다正音의原
訓과國語의本體를未得ᄒᆞ고其連發의音만僅搆ᄒᆞ매此音을彼音으로記

（京城北門印行

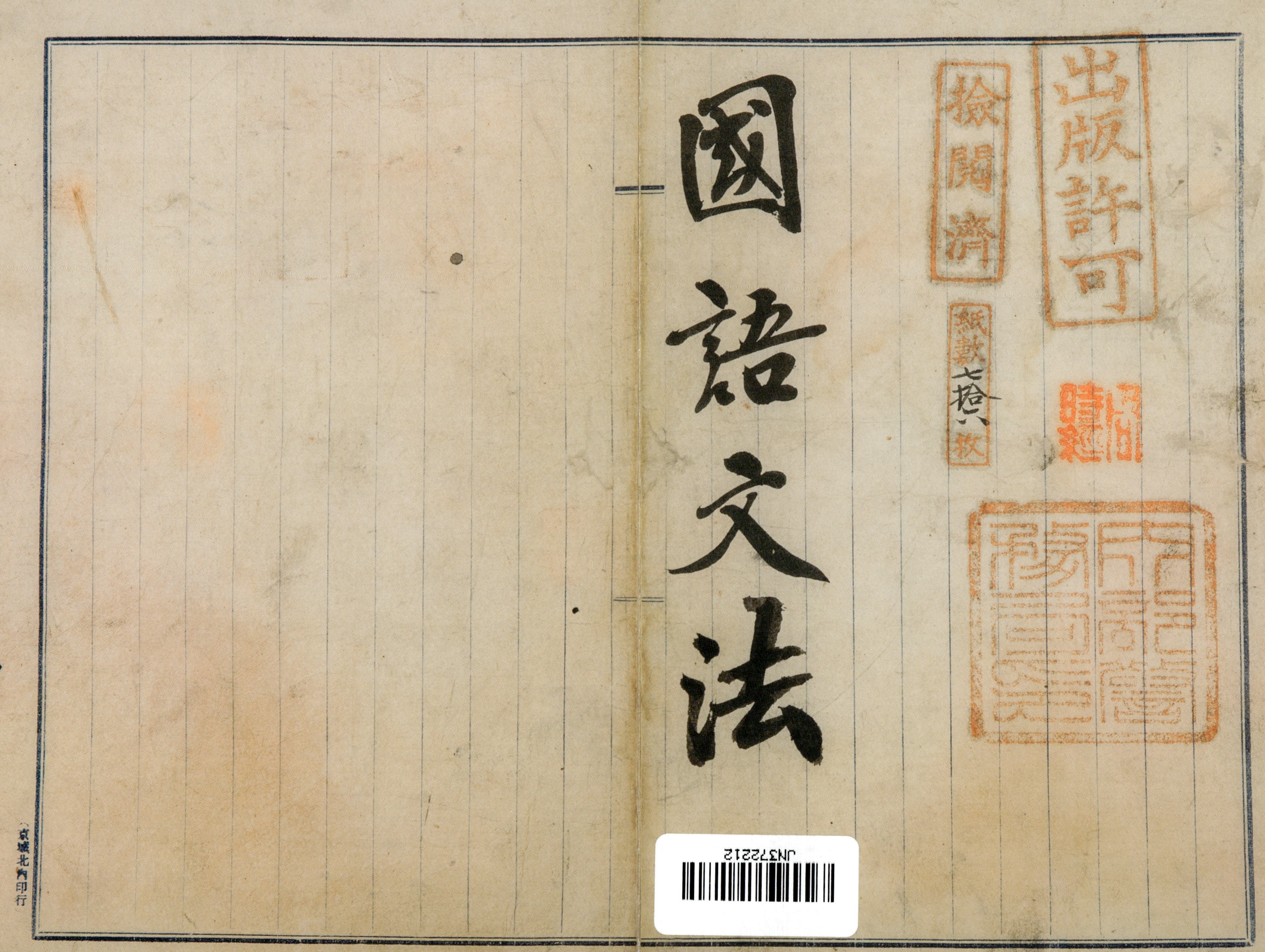

國語文法

京城北部印行